郷土の記憶・モニュメント

由谷裕哉◉編

岩田書院ブックレット

H-22 [歴史考古学系]

JN199451

岩田書院

装幀◉渡辺将史

目　次

はしがき

由谷裕哉

本書のねらい

本書は、郷土意識と関わる記念物（モニュメント）・記念行為を考察対象とする論文を集めている。

郷土に関しては出版社が異なるが、二〇一〇年に本書の執筆者でもある時枝務との共編で『郷土史と近代日本』を、二〇一二年には由谷単独の編になる『郷土再考』を、いずれも角川学芸出版より上梓している。本書は、両書の続編のつもりで編纂した。両書では、郷土と関わる記念物や記念行為を考究した部分が若干含まれていたが、それだけでは充分ではなかったという反省が残るからである。

その意味で、いわば「郷土三部作」の末尾に位置する本書は、記念という問題についての前二書における一種のリヴェンジを志向している。なお、本書の五人の執筆者は、全て『郷土再考』にも執筆している。

以下、本書において、郷土を再三課題とすること、それと記念物（モニュメント）・記念行為との関わりを分析しようとすること、それぞれの背景について、順に説明したい。

郷土を考える意味

まず、郷土という課題について、先行する『郷土史と近代日本』『郷土再考』で我々がどう位置づけていたか、から回顧したい。

『郷土史と近代日本』では、郷土について故郷のような出生地に対するノスタルジックな感情を内包する概念とは異なるとしたうえで、近世までと明治以降の郷土史叙述の違い、社会的存在としての郷土史家の活動、などを各論文の主な課題とした。『郷土再考』では郷土を当事者による概念と位置づけたうえで、郷土愛・郷土意識が形成される局面、人の移動や近代テクノロジーなどによるその変化、また国民国家やグローバル化との関わりを課題に掲げていた。

結果的に両書の中で、郷土への愛着（例えば、アイデンティティの対象としての郷土、という観念）の醸成、郷土を語る人々の様々な階層（エリート、そうでない人、など）、国家に対する感情（官学アカデミズムに対する対抗意識、主流に加わりたいという願望、など）、近代の社会変化に伴う郷土意識の変容などが個々の論文で触れられはしたが、記念物・記念行為と郷土との関わりは各論文における主要課題としては現れなかった。

一方、編者（由谷）が『郷土再考』刊行後に取り組むことになった、在野の地理学者であった小田内通敏（一八七五―一九五四）の郷土研究・郷土教育論から、上記とは異なる郷土に関する観点が浮かび上がってきた。小田内は一九一八年に、勤めていた大倉研究所が閉鎖されたことに伴い、正規の職を失うことになり、一九三〇年代に、当時の文部省嘱託となって郷土教育運動を推進することになったのも、一面では糊口を凌ぐものであったと思われる。そのためもあってか、小田内は郷土について一九二〇年代まではあまり触れていないし、三〇年代以降も郷土および郷土研究を明確に定義しておらず、時に地域調査と同義の使い方をしている場合もある(1)。

ちなみに、小田内の概括的な郷土の捉え方は、「特定の人口集団と特定の地域との」空間的・時間的な「交互関係」と捉え、その関係から生み出される「地域的実在」が、「村落地域に於ても都市地域に於ても、極めて多様な表現となつて来る」というものであり、その範囲を村落か都市かを問わない姿勢が現れている(2)。

とはいえ小田内は、郷土研究のあるべき調査方法として、英国パトリック・ゲッデス(一八五四―一九三二)のリージョナル・サーヴェイ(regional survey)を参照していた。ゲッデスは現在ではあまり注目されなくなっているが、[3] ロンドンのルプレー・ハウスの中心人物であった。そのフレデリック・ルプレー(一八〇六―八二)は、世紀末フランスの社会調査者、テクノクラート、元老院議員であり、フランス革命とナポレオンによる国家統一の後、場所(Lieu)と労働(Travail)の観点から地域を捉えようとした人物である。[4] フランスで世紀末にレジョナリズム(地域主義)が起こると、ルプレーはその思想的源流と考えられた。ゲッデスは、ロンドンのルプレー・ハウスでリージョナル・サーヴェイを展開するに当たってルプレーのその発想を継承し、土地(Place)―労働(Work)―住民(Folk)という公式を案出したのである。

小田内がこうしたルプレー―ゲッデスの公式を紹介するに当たって、ゲッデスを媒介にルプレーへと遡るリージョナル・サーヴェイの方法論が、上記のように地域主義が要請される中で案出されたことにほとんど触れていない。しかし、小田内―ゲッデス―ルプレーへと遡ってみれば、先述した小田内による郷土の概念規定のうち、特定の地域と人口集団との「交互関係」という箇所は、地域主義的な観点を起点としているのではないかと考えられる。

つまり、本書では、郷土を国民国家の形成に伴う地域主義の流れの中で、新たに発見された対象と捉えたいのである。

記念物・記念行為を考える意味

次に、郷土と関連させて記念物・記念行為を考える意味を述べたい。編者は、近年の日本学術界における記念物や記念行為の捉え方に対する違和感を抱いている。というのも、およそ前世紀末頃から記念物や記念行為がしばしば議論の対象とされるようになったものの、それは国民統合という目的論からの要請か、もしくは歴史意識の表象としてか、に限定されていたからである。

まず、前者（国民統合）の代表的な成果として、阿部安成・小関隆・見市雅俊・光永雅明・森村敏己（編）『記憶のかたち―コメモレイションの文化史―』（柏書房、一九九九年）をあげることができる。同書はタイトルのように、記憶とくに公共記憶を課題の一つとしていた。しかし、同書における公共的な（パブリック）、の範疇はナショナル（国民の）とほぼ同値と捉えられていた模様で、同書でそうした記憶を形あるものとして留めるとされた「コメモレイション」（記念行為・記念行事など）の事例は、ほぼ国民統合と関係していた。なお、英語commemorationには記念行為だけでなく追悼・顕彰の意味が含まれており、私見では同書のような使用法は誤解を招くのでは、と危惧する。

後者（歴史意識の表象）を代表する研究としては、羽賀祥二『史蹟論』（名古屋大学出版会、一九九八年）が、古戦場・城趾・名所旧蹟などの場を一九世紀における図絵や郷土史によって位置づけ、それが祖先の顕彰につながることを論じていた。ただ、これはあくまで一九世紀に関わる実証史の立場からの研究であって、国民国家成立以降の記念物・記念行為を扱った研究ではなかった。

なお、これらの他、忠魂碑・忠霊塔のような戦死者祭祀に関わる記念物の研究は、一九七〇年代頃から盛んである。編者がかつて概観したことがあるように、これらは一九七〇年代の忠魂碑に関わる違憲訴訟がおそらく発端となっており、左右両翼からの価値判断が付加された研究が少なからず存在する。そうした碑が記念物ではなく宗教的な存在である、とするイデオロギー的な立場からの言説も見られるので、本格的に議論したくない気がする。(5)

以上のように、日本の学術において記念物・記念行為に関わる研究はかなりなされてきているが、本書のように国民国家成立以降に新たに見出された郷土との関わりという観点からの研究は、ほぼ皆無であると見ることができよう。そこに、本書を上梓する意義があると編者は考えるのである。

本書所収論文について

本書では冒頭に、所収論文の中で唯一、江戸時代に創られた記念物を対象としている佐藤喜久一郎の、羊太夫を巡る記念碑に関する論文を置く。二〇一二年の『郷土再考』も佐藤論文から始まったが、そこでは高崎市に現存する古碑である多胡碑に書かれた文言(碑文)を巡っての、近代以降の群馬県下における郷土史家と帝大系学者との対立が主な課題であった。

今回は近世、とくに近世後半の高崎市周辺地域に現存する石碑複数が対象とされている。それらの石碑は、多胡碑の碑文から連想された羊太夫なる人物に関する一種の墓碑であり、碑文としては一七世紀半ば以前に遡る『多胡羊太夫由来記』を継承しているとされる。佐藤は複数の石碑を丹念に分析し、そこに多胡一族が先祖を追悼・顕彰する記念行為を見出そうとしている。

以下の四論文は、明治以降の記念物・記念行為を対象としている。

石本論文は、記念物そのものよりも、ある祭祀対象へ信者的な人々が奉納物を納める行為を記念行為として位置づけている点で、本書所収の論文でやや異例の立論となっている。

本論文で扱われている事例は、新潟・福島県境に近い新潟県東蒲原郡の阿賀野川流域に複数見られる、ショウキサマと称される藁で作られた大人形にまつわる祭祀の一例である。石本はこの祭祀について、別の集落についてこれまでも論考を著している(6)。本論文では、このショウキサマを納める堂内に奉納された旗・額・千羽鶴・幕の悉皆調査を行い、ある時期を境として奉納者が祈願の目的で奉納物を納めることから、個人の参拝記念として奉納するようになる経緯を追跡している。さらに、集落と祭祀との関わりなども含め、ショウキサマを巡る言説の変化をも議論している。

及川論文は、一八世紀の琉球王国で「琉歌」という八・八・八・六形式の歌を作った女性歌人とされる恩納ナビの歌碑、三基について、その建立経緯とそれが建てられている恩納村との関わりを考察している。三基はそれぞれ、一九二八年、一九三一年、そして一九六四年建立とのことである。

本論文では、それぞれの歌碑の場所や建立経緯、観光化や集落の景観との関わりなどが考察され、三基とも外部の視線を意識しており、歌碑の表現が琉歌と結びついていることが指摘される。さらに最も古い歌碑の建立と、ウシデークなる民俗行事の再興とが関係していることが述べられ、ウシデークの参与調査の報告も併せて、歌碑と集落景観との関わり、ナビの歌の情緒性、などから歌碑という記念の方法が選び取られたとしている。これまでのモニュメントに関する考察とは次元の異なる、画期的な立論がなされているように思われる。

以上の三論文に比べて由谷論文は、モニュメントと郷土意識に関して比較的オーソドックスな立論がなされていると考えられる。本論文の課題は、謡曲『安宅』などに出る安宅関における富樫・弁慶の逸話が史実と考えられるようになり、その関所跡とされる場所に建造された弁慶・富樫の像が、一九四〇年に市制が施行されるようになった小松を表象するモニュメントであるかのように捉えられるようになった経緯を追跡することである。

この過程で、安宅関の実在を主張する偽書が近世に登場したこと、安宅関実在論を踏まえた場所の探求において海中説と二堂山説という二説が登場し、次第に後者が有力になること、やがて史蹟名勝天然紀念物保存法に基づいて二堂山の安宅関址が石川県の史蹟と認定されたこと、その関址に富樫・弁慶のモニュメントを建立しようという動きが紀元二六〇〇年および小松市制施行と相まって進んだこと、それを後押ししたのが石川県出身の政治家・永井柳太郎であったこと、などが述べられる。

時枝論文は、高崎市の白衣大観音を扱っているが、彼にはこのテーマに関連する先行論文がある。

時枝はかつて、高崎市の陸軍墓地近くにある頼政神社（祭神は源頼政）の境内に明治一二年（一八七九）に建立された「褒光招魂碑」について、詳細な分析を行っていた[7]。碑文の転記と分析から始まり、建立の趣旨、祀られている者、建立に関わった者を位置づけたうえで、建立趣旨などと関わる戦役（下仁田の役・奥越之役・鎮西之役）それぞれについて歴史的に意味づけ、当該事例が旧高崎藩の招魂碑であったことを導いていた。さらに、当事例の空間的位置について、明治・大正期に慰霊空間として重視された高崎市南部に立地していたものの、昭和九年（一九三四）の陸軍特別大演習を機に対岸の観音山に慰霊空間が移動した、などとダイナミックな動きも抽出していた。本書所収論文は、まさにこの慰霊空間が移動した後を課題としたものである。

本論文では、白衣大観音が創建される前史として、昭和八年（一九三三）に始まった観音山公園造成計画と、翌九年の陸軍特別大演習が紹介される。さらに、井上保三郎による発願の背景、昭和九年の開眼の経緯、管理者である高崎市との関わり、大観音を管理する宗教施設として昭和一六年に真言寺院・慈眼院が移転してきたこと、などが史料に基づいて詳細に述べられる。纏めとして、白衣大観音は戦没者の慰霊施設としての性格が濃厚で、しかもその対象が郷土の戦没者であったこと、慰霊顕彰の施設である以上に観光施設であったことを結びとしている。

ちなみに、戦没者を慰霊するための鉄筋コンクリート製の白い巨大な観音像は、敗戦後に京都府の霊山観音（一九五五年）や神奈川県の大船観音（一九六〇年）、千葉県の東京湾観音（一九六一年）が相次いで作られ、類似の仏像がそれ以降も建造されている（山梨県の韮崎平和観音など）。これらに共通する鉄筋コンクリート・白色・戦没者慰霊という要素は、白衣大観音に始まるものなので、郷土のモニュメントとしてこれを読み解こうとする本論文は独創的な観点であるし、かつきわめて啓発的だと考えられる。

注

（1）由谷裕哉「小田内通敏の一九三〇年代における郷土研究の検討—『郷土研究図譜村落篇　長野県』に注目して—」、『小松短期大学論集』第二三号、二〇一六年。

（2）小田内通敏「郷土科学とその教育」、『郷土』創刊号、一九三〇年（小田内『郷土教育運動』刀江書院、一九三二年、再録）。

（3）石井清輝「パトリック・ゲデスと日本の地域研究—「社会改良」と「科学」「法則性」の間で—」、『慶應義塾大学大学院社会学研究科紀要：社会学心理学教育学：人間と社会の探究』第六八号、二〇〇九年。

（4）遠藤輝明（編）『地域と国家—フランス・レジョナリズムの研究—』日本経済評論社、一九九二年、参照。

（5）由谷裕哉「小松市内の戦争モニュメント研究に向けて」、『加能民俗研究』第四七号、二〇一六年。

（6）石本敏也「ショウキサマの田圃：新潟県新発田市浦」、『高志路』第四〇一号、二〇一六年。

（7）時枝務「招魂碑をめぐる時空—群馬県高崎市頼政神社境内の招魂碑の場合—」（『國學院大學研究開発推進センター研究紀要』第四号、二〇一〇年。

多胡碑の模刻と羊太夫の墓誌

――記念物とフォークロア――

佐藤　喜久一郎

はじめに

本論文では、地域集団の集合的記憶と記念行為との関係を文化の政治学の視座より論じる。事例として取り上げるのは、古代国家による地方統治の記念碑である多胡碑と、それにまつわる在地の多様な言説である。

郷土史の生成とフェイクロア（ここでは羊太夫伝説）の誕生との相関関係を明らかにするため、多胡碑に関してはかつて近代の郷土雑誌や教科書類を題材に論じたことがあるが(1)（以下、前論文と略す）、本論文で扱う事例のほとんどは、郷土史の概念がいまだ成立しない時代のものである。前論文の分析対象が多胡碑と羊太夫伝説をめぐる郷土史家たちの言説だったのに対し、本論文では「羊太夫の子孫」を称する当事者たちの動きに目を向け、前近代の社会で彼らが先祖の追悼・顕彰のために行った記念行為の様態を論じる。

群馬県高崎市吉井町池・御門に現存する多胡碑（写真1）は、日本三古碑のひとつとして全国に著名であるが、群馬県地域では、羊太夫という伝説上の人物にかかわる遺物として親しまれている。ただこの石碑は、実際には和銅年間につくられた多胡郡の建郡記念碑にすぎない。ところが在地においては、この史実と英雄伝説とが分かち難くむすびついており、かつては多胡碑を「羊太夫の墓」だと信じる人々も多かった。

この石碑は、千三百年前のものとしては保存状態が良く、当時の地方統治の実態を伝える以下の興味深い文言が読みやすい文字で刻まれている。

弁官符上野國片罡郡緑野郡甘
良郡并三郡内三百戸郡成給羊
成多胡郡和銅四年三月九日甲寅
宣左中弁正五位下多治比真人
太政官二品穂積親王左太臣正二
位石上尊右太臣正二位藤原尊
（傍線引用者、以下同じ）

そのため古くから政治権力の手厚い保護を受けており、近世からの膨大な研究蓄積がある。しかし、建立者の実像についていまだ多くの謎が残り[2]、建碑の歴史的意味は完全に解明されたわけではない[3]。

ただ通説においては、建郡についての文言（傍線部）である「給羊成多胡郡」を、「羊に給ひて、多胡の郡となすとあり[4]」「羊が給わりて多胡郡と成すなり[5]」などと読み、創設された多胡郡が「羊」なる人物に任されたと解釈することが多い。そして、地名の多胡の「胡」が胡人を連想させることや、当時の上野国には「吉井連」の姓を名乗る新羅人が多くいたことなどを傍証として、「羊」を大陸出身の渡来人と考える説もある[6]。

写真１　多胡碑（吉井郷土資料館提供）

それについては検討すべき点が多々あるが、当然ながら本論文の趣旨は、この謎めいた「羊」の正体を明らかにすることではない。筆者が行うのはあくまでも民間伝承の研究だ。地域の集合的記憶が羊太夫伝説として形成されるいっぽう、在地でどのような政治的駆け引きがなされたかに興味がある。

羊太夫伝説は、多胡碑をめぐる正史と時には結びつき、時にはそれと対抗するようにして成長を続けてきた。そのなかできわめて多彩な伝承が生まれ、また消えていったのだが、筆者はこうした多様な言説がどのような人々の手で創られたのか明らかにしたい。

本論文では、人々の集合的記憶形成に直接関わる事例として、在地で作られたいくつかのユニークな記念物を取り上げる。なかでもとりわけ重要なものは、羊太夫の子孫を称する人々が自分たちで建立した多胡碑類似の石造物（本論文では、この石造物を「羊太夫の墓誌」と呼ぶ。以下同じ）である。彼らはこの石碑を心の拠り所にし、現在まで羊太夫を祀り続けているのである。

本論文に登場する多胡碑関係の石造物一覧（登場順）

名称	建立年代	所在地
羊太夫の墓誌（仮称）	不明	群馬県高崎市上里見町・間野
羊太夫の墓誌（仮称）	不明	群馬県安中市中野谷・久保
多胡宮羊大明神祠	寛政十年（一七九八）	群馬県安中市下秋間・日向
多胡碑の模刻（仮称）	不明	群馬県安中市下秋間・日向

「羊太夫の墓誌」については、知識層による多胡碑啓蒙の波及効果として理解されることが多かった。その理由は「羊太夫の墓誌」が一見、多胡碑の不出来なレプリカに見えるからだが、後述のように、建碑者の意図したところは

決して模造品製作ではないのである。

本論文で筆者は「羊太夫の墓誌」と芸術愛好家たちが珍重した多胡碑のレプリカとの違いを明らかにし、前者の信仰遺物を作り出した社会集団の心性や世界観に迫っていく。

そのため、まず第一節で多胡碑をめぐる発見と啓蒙の歴史を概観したあと、第二節以下で由来書・墓誌・小祠など、子孫の手で作られた羊太夫関係の記憶物についての細かな分析を行う。

第三節では、羊太夫の子孫に伝来する在地縁起『多胡羊太夫由来記』を取り上げ、①在地における縁起書の成立時期が、知識人による多胡碑の発見に先行していたかどうか、②この由来記を受けつぐ人々が、独自の際立つ歴史観や世界観を有していたかどうか、の二点について検討する。

そして第四節において、「羊太夫の墓誌」が多胡碑ではなく『多胡羊太夫由来記』の文言をもとに作られたことを、碑文の分析から論証する。それを通じて、①十八世紀以降の多胡碑研究の成果が地域には浸透しなかった理由を明らかにするとともに、②「羊太夫の墓誌」に象徴される羊太夫の子孫たちの謎めいた神話世界に深く踏み込んでゆく。

一　多胡碑と発見の歴史

近年の研究者は一般的に、多胡碑発見の功績を近世の有名無名の知識人たちに帰そうとする傾向がある。なかでも、多胡碑をはじめて歴史に位置付けた伊藤東涯と、その書道史上の価値を見出して人々に啓蒙した高橋道斎・沢田東江についてはきわめて評価が高い。

近世初期まで、多胡碑はほとんど無名であった。それが一躍世に知られるようになったのは、伊藤東涯が『盍簪録』

（十七世紀前半成立）において、この石造物は古代の建郡碑だと述べた以降のことである。
『盍簪録』は、故実などに関する考察を集めた随筆風の書物で、多胡碑の解説を「雑載編」に収録している。碑の図面に東涯による考証が付され、①石碑は長崎家の領地の「本郷村」に存在し、そばに大樟があること、②多胡碑のことを「土人」が「羊太夫之社」「穂積親王の墓」などと呼んでいること、③多胡郡の建郡記念碑であることが『続日本紀』の記事から確認できること、の三点が指摘されている。ただ東涯は一度も実物の多胡碑を調査しておらず、第三者から提供された不完全な資料をもとに考察を進めていた。『盍簪録』の記事に史料不備による誤りがあることが、はやく弟子たちからも指摘されている。

これに対し、丹念な実地調査によって多胡碑を研究し、その成果を一般に広めたのが、高橋道斎と沢田東江の二人である。道斎（一七一八〜九四）は甘楽郡下仁田の裕福な商人で、家業の傍ら学問に勤しんだことで知られる。儒学・文芸など多分野に通じたが、唐様の書風で知られる高頤斎（一六九〇〜一七六九）の弟子でもあり、中国の書に造詣が深かった。

当時、池村にあった多胡碑は羊太夫の墓として民衆の信仰を集めており、存在自体はよく知られていたものの、識字率が低い在地社会において、石碑の文字に注目する人物は稀だった。ところが道斎は、書家の立場から独自に多胡碑の調査を進め、碑文の字体が優れた芸術性をもつと考えるに至ったのである。

道斎は全国の学者と交流をもっていたので、彼からの情報は多くの文人を刺激したが、なかでも特別な関心を示したのは、同じく高頤斎の弟子だった若き日の沢田東江（一七三二〜九六）であった。このころ彼は、書の名人として頭角を表しつつあり、調査研究の場では年配の道斎を助けて情熱的に働いた。

ふたりの研究成果は宝暦七年（一七五七）に出版された『上毛多胡郡碑帖』にまとめられている。多胡碑の正確な拓本をとり、その文字ひとつひとつに詳しい考察を付したもので、中国の古碑や法帖を照会してきめ細かな議論が展開された。内容からは魏晋の書についての深い学識を伺うことができるが、ここで多胡碑の書体が六朝風だと結論されたことは後世の研究者を様々に刺激し、石碑の建立者（渡来人）に関して多様な議論が噴出するきっかけとなった。

地方のいち文人にすぎなかった道斎が、みずから「発見者」となり、多胡碑にグローバルな価値付けをしたことを高く評価する研究者もいる。書は東アジア世界において普遍的な文化領域を構成するが、それに関わることができる彼のような人物が地方から登場したのは、「在村文化」の成熟と洗練のあらわれだというのである。(7)

たしかに、道斎の周辺からは後世に名を伝える文人が複数輩出しており、学識豊かな彼らは文化史上の功績を多々残した。例えば、道斎の養子は儒学者として著名な市河寛斎（一七四九〜一八二〇）であるし、その長男の市河米庵（一七七九〜一八五八）は書家、次男の鏑木雲潭（一七八二〜一八五三）は画家として活躍した。また、この市河家と並び高橋家と深い関係にあった（高橋・市河両家から複数の養子が入っている）多胡郡吉井宿の堀越家もまた、地域文化の庇護者として知られる富豪だった。この家は地理的関係から多胡碑との関わりが非常に深いが、明治維新後に活躍した堀越文右衛門（富美）などは、地域の有力者として多胡碑保護の先頭に立ち、大正五年ころには、巨額の私費を投じて「多胡碑園」なる近代公園を造ろうとしたこともあった。

しかし、これらの人々はみな特別の教育を受けた例外的人物であり、当然ながら、彼らの優秀さがそのまま在地社会の知的水準の表れではない。おそらく大多数の民衆は、そうした知的伝統とは無縁であり、書道芸術より羊太夫伝説のほうに関心を寄せていたはずである。じじつ先の市河寛斎は、在地で語られる羊太夫伝説を評して「羊太夫事、固斉東野人之語」と述べており、自分たちインテリとは異なる世界観を持つ人々が多く存在することを認めている。しかし彼は、それらの人々を「斉東野人」と呼び否定的存在とみなしたのである。

このことは彼ら知的エリートの文化的孤立を示してはいないだろうか。道斎・寛斎・文右衛門らが体現する地域のエリート文化（在村文化）は、在地民衆の伝承文化と対抗的な関係にあったと考えられる。エリートが多胡碑の文化的価値を宣揚する傍らで、「斉東野人」はそれとはまったく別の文化的世界を生きていたのである。

さて、ここで羊太夫伝説の研究史をふりかえってみると、民俗学や文学の領域では、在地社会で活躍した民間信仰者や、その子孫たちに注目した研究者が多い(8)。彼らこそが羊太夫伝説の語り手であり、土着文化の担い手だと考えられてきたからである。拙著『近世上野神話の研究―在地縁起と伝承者―』（二〇〇七年）でも、池村で「多胡碑」の管理にあたっていた家（白倉家）にスポットをあてて宗教者たちの近世史を論じたが、これは地方文書と口頭伝承の双方を用いることで、羊太夫信仰の錯綜した世界に分け入ろうとしたものである(9)。貴重なデータに基づく初の研究成果ではあったものの、筆者は主に宗教者と知識人との矛盾対立の側面に目を向けたので、大多数の民衆の動きについては必ずしも十分に論じていない。

一部の民衆は両者の間でたくましく成長し、「羊太夫の子孫」などと称して独自のアイデンティティを作り上げてきた。後述するように、それらの人々は宗教者に完全に帰服していたわけでもないし、知識人による啓蒙活動にただ従っていたわけでもない。彼らは多くの場面で両者に対して適当な距離をとり、時には批判的な態度で接することすらあった。在村文化人や民間信仰者の管理の目をかいくぐり、「羊太夫の子孫」たちは自分たちだけの世界を作ろうとしていた。その事実は、これから分析する多様な史料から十分読み取れるはずである。

二　羊太夫伝説の世界

1「羊太夫物語」写本の分類

西上州の村落のいくつかには、羊太夫を主人公とする多様な物語縁起が写本として伝えられている。それらを一般に「羊太夫物語」[10]と呼ぶが、テクストの形態からおよそふたつのグループに分類できる。語り物の口吻を残すやや宗教的な内容のものと、それを仕立て直して軍記物ふうの物語に改作したものの二種類である。かつて堀口育男は、前者を「語り物系」、後者を「読本」系と呼称していた[11]。古い時代の羊太夫伝説を知るうえで重要なのは、比較的早い段階で文字化された前者のグループである。

堀口は「語り物系」の諸本を三つのカテゴリに分類している。A．羊太夫の子孫と称する多胡姓の人々に伝来する『多胡羊太夫由来記』、B．『小幡羊太夫縁起』など、広範な層に享受された素朴な内容のもの、C．それらに新たな記事を加えて再編集した『羊太夫一代記』など、の三グループである。本論文では派生作品であるCはひとまず置き、A・Bの差異について触れたい。

羊太夫説話を、B．『小幡羊太夫縁起』の内容に沿って紹介すると次の如くである。

『小幡羊太輔(夫)縁起』(嘉永六年写本)に基づく「羊太夫物語」の概要

1発端

① 男(天津児屋根命の子孫)と女(天人)が、神仏に祈って申し子をした。
② 未年・未日・未刻に子供が生まれ、羊太夫と名付けられた。

③ 羊太夫は文武に秀でた英雄に成長し、優れた臣下にも恵まれた。

2　羊太夫と小萩（小脛）

④ このころ、都から下ってきた「石上宰相」が国司となり、「利根川より西七郡の武士の掟」を定めた。そのため、西上州の武士は都で「三年の大番役」を勤めることになった。
⑤ 羊太夫は名馬に乗り、「小萩」と呼ばれる足早の童子を連れて、小幡から奈良の都まで通っていた。
⑥ ある時、「羊太夫」は「小萩」の脇の下に生えている羽を出来心から引き抜いてしまった。
⑦ すると「小萩」は足早の力を失い、羊太夫もまた「三年の内日参」を怠ることになった。

3　「官軍」との戦い

⑧ 関白が天皇に讒言し、羊太夫は謀反人と決めつけられた。
⑨ 「安芸藤松」と「熊出将監」を大将とする、安芸・周防・長門の軍勢三〇〇〇からなる「官軍」が上野国に攻め寄せた。
⑩ 羊太夫は籠城してしぶとく抵抗し、大いに「官軍」を悩ませた。
⑪ 大和・河内・摂津・伊賀・近江・美濃・尾張より援軍一万九〇〇〇が到着したが、それでも城は落ちなかった。
⑫ 三年間の籠城戦で羊太夫軍の兵糧が尽きた。羊太夫は包囲軍に向けて最後の突撃を行った。

4　羊太夫の最後

⑬ 生き残った羊太夫主従三名は金色の鳶と変じ「池と云在所」に舞い降りた。
⑭ 「宮嶋権守」及び「宮嶋小太郎」の進言により、「官軍」の大将は不動明王の力を借り羊太夫を調伏することにした。
⑮ 「官軍」の大将の祈りに応えて「奥の不動」が示現し、羊太夫の死を告げた。
⑯ 池村で羊太夫主従三名の骸が見つかった。「官軍」の大将はその首を取り上洛した。
⑰ 「官軍」の大将は朝廷より「信濃境、武蔵境、小幡」（写本により異なる）を賜り上野国に下着した。

5　羊太夫の墓

⑱ 羊太夫の墓は池村にあり、その神霊は「白蛇」で左の目は「藪睨み」である。
⑲ 「御前」（羊太夫の妻）の墓は落合村にある。
⑳ 「御前」に仕えていた「中尾源太夫宗永」の墓も「御前」の墓の近辺にある。

上野国の英雄である羊太夫が、あることをきっかけに神の加護を失い、「官軍」と戦って死んでゆく、というストーリーだが、内容に修験系寺院の由来などが盛り込まれていることから、物語の形成に彼らの手が加わっていることがわかる。

先にも触れたが、かつて多胡碑の境内地には、石碑を祀る修験者が常駐していた時代があり、この家は小幡氏の一族にあたる白倉の姓を称していた。白倉氏はいわゆる「上州八家」のひとつで、中世の上野国を代表する名門のひとつだが、戦国時代には「親類」(12)として小幡氏の勢力下に組み込まれていたこともある。そして、多胡碑の白倉家の言い伝えによれば、先祖は十六世紀末の小幡氏滅亡のとき離散した白倉一族のひとりであり、修験となって以来、延々と多胡碑を守り続けてきたとされる(13)。

しかし近世の甘楽郡には、小幡氏の先祖を祀った白倉大権現という神社があった。また多胡碑が「小幡羊太夫」の墓とされるのも奇妙な一致だ。したがって以上の伝説の内容がもし正しいとしても、その「白倉」姓の由来については信仰的背景を考慮する必要がある(14)。託宣や口寄せなど、シャマニズム的実践においてしばしば見られる傾向だが、神霊を呼び出す宗教者は、呼び出されたものと容易に同一化する。それは物語文芸においても同様であり、語り手は往々にして、主人公の人生を自分自身のものと重ねるのである。

さて、A類は、ストーリーの大筋こそB類と変わらないが、細部に大きな違いがあり、①漢文体で書かれていること、②物語の後日談が語られ多胡氏のルーツが説かれていること、③B類の多くが冊子であるのに対し、A類は巻子がほとんどであること、④多胡碑の碑文が冒頭に引用されていること、などの特徴がある(15)。

このことから考えると、A類はイエ意識に基づいて多胡一族の内部で作られたものであり、物語の共有によって集団の結束強化が目指されたことがわかる。しかし彼らにとって対外的な威信誇示は二の次だった。B類が多様な姓の家々に広く伝来するのに対し、A類を持ち伝えるのは多胡姓の人々のみである。彼らは群馬県高崎市上里見町・間野を中心として、比較的近接した地域に居住しており、先祖の巻物はそのコミュニティー外には流出しなかったのである。所蔵者の多くは「羊太夫物語」を娯楽的な読み物とは見なしていない。自らの来歴を示す証として系図と同じように厳重に保管している。

これに対し、白倉家などの小幡一族の末裔には、多胡姓の人々のような強い執着はない。多胡碑の文言らしきものを石に刻み、一族の集合的記憶の拠り所とすることも、彼ら以外にはまったく見られない慣習である。

こうした特殊な習俗が根付いた一因としては、多胡碑の管理をめぐる政治的せめぎあいがあったと思われる。じつは、この石碑の名が全国に高まった十八世紀半ばごろ、池村では多胡碑の管理を厳しくして、覆屋や石垣などをつくり見学を制限するようになっていた。売買目的で拓本を取る人々から石碑を守るためといわれている(16)。

しかし、こうした多胡碑の管理には抜け道のあったことが知られる。文人たちの紀行文によると、採拓を禁じた領主の命令にもかかわらず、管理者の白倉家は敷地整備費のためと称して見学の人々に割高な値段で拓本を売りつけていたという。もっとも、それらは禁止以後のものではなく、取りためてあった在庫品の一枚との触れ込みだったが(17)、いずれにせよ、石碑保護の責任者自らがグレーな拓本販売に深く関与していたのである。当然のことながら見学者の多くは、こうした商法をやや疎ましく感じたようだが、勧められるまま土産物として購入した例もあったようだ。珍品として市場で取り引きされていたものの多くは、こうした流出品と考えられるのである。

なお、多胡碑を訪れた多くの文人は、碑文の情報とともに、謎めいた羊太夫の伝説について興味深い記録を残しているが、そうした旅人をもてなして多胡碑の解説をしたり、土地の伝説を語って楽しませたりするのも、石碑を守る家の重要な務めだった。在地社会の伝説を世間に広めるのに一役買った彼らは、一面においては、民衆とエリートとをつなぐ現地インフォーマントの役割を果たしたのだった。

しかし白倉家の人々は、自ら民衆の側に立ち「小幡羊太夫信仰」の大衆化を図ろうとはしなかったようだ。伝説のカノン形成がほとんどなされていないことがそのことを物語っている。小幡氏のルーツについては、羊太夫の子孫だとの伝承と、羊太夫を滅ぼした官軍の大将の子孫だとの伝承があり、非常に錯綜しているのだ。白倉家は伝承を整理したり、管理したりすることに長けていなかったのだろうか。

現在、「羊太夫の子孫」たちの多くが、「小幡」ではなく「多胡」姓を名乗るのは、ある意味管理者の怠慢のせいだろう。しかし、「多胡羊太夫」の子孫ならたんなる朝敵にすぎないが、羊太夫とのつながりが不明確な小幡氏や白倉氏ならば、朝廷との関係はいぜん曖昧なままだ。そうしたことは一見、家格誇示の面では不利にみえるが、当事者にとっては都合の良いこともある。まさに曖昧であるがゆえに、羊太夫の子孫としての立場と、征服者としての立場の使いわけが可能になるのである。ようするに白倉家は、羊太夫の末裔を称して民衆の共感を勝ち得ながらも、同時に支配層の一角を占めることで、その司祭者としての地位を安泰なものにしたかったのだ。

2 新発見の『多胡羊太夫由来記』

多胡家に伝来する『多胡羊太夫由来記』については以下の所蔵報告がある。(18) 先行研究を参照して表題の後に所在地を記したが、先述の通り、間野村周辺の比較的狭い地域に分布している。

①『多胡羊太夫由来記』間野　多胡武正氏蔵　年代なし　『里見村誌』翻刻
②『多胡羊太夫由来記』上神　多胡清氏蔵　年代なし　『里見村誌』翻刻(19)
③『多胡羊太夫由来記』中野谷　多胡正雄氏蔵　年代なし　『安中市史』翻刻

ことができた。

④『多胡羊太夫由来記』日向　多胡恵美子氏蔵　年代なし[20]

また、本論文執筆に先立ち改めて行った筆者らの調査（二〇一六年）で[21]、新たに日向村から未報告の巻子を発見する

⑤『多胡羊太夫由来記』日向　多胡俊雄氏蔵　享保二年（一七一七）発表者調査（写真2・3）

これまで報告されたものはいずれも転写年不明であったが、本巻物には写真のような奥書が付せられ、享保二年の年記がある。そこに記された「田子市兵衛」は、日向村の多胡家の本家が名乗った名前で[22]、年代は異なるが、村内にある他の石造物（後出）にも同じ名が彫りつけてある[23]。

本資料が実際に享保二年に多胡（田子）市兵衛の手でつくられた写本だとすれば、これまで報告された「羊太夫物語」のなかで最も古いものとなる。小幡羊太夫を主人公とするB類の在地縁起でも、存在が確認できる最古の写本は享保三年のものであった[24]。なおかつA類はB類からの派生と考えられるから、結果的には、今回の発見で「羊太夫物語」の成立年代がさらに引き上げられることになろう。また、これまで一部の研究者は、羊太夫信仰と多胡碑が結びつくのは『上毛多胡碑帖』刊行の影響によるとの見解をとっていたが、それについても見直さなくてはならない。

由緒研究において、十八世紀初頭は、民衆の歴史意識が大きく転換した重要な時期とみなされている。岩橋清美が多摩地方の村落を対象に行った研究によると、村の伝説や言い伝えが「村方旧記」として整理記録され始めるのは、およそ享保年間前後のことだったとされる。岩橋はその背景に村落構造の近世化と中世的世界観の衰退があったと捉えたが、文書主義による村政のシステム化と近世的な家社会の成立により、「語る歴史」から「書く歴史」への変化が促されたと述べている。この時期には、分家創出によって中世的な土豪百姓の力が衰え、多数の小百姓により構成される近世的村落社会が形成されつつあった。そのなかで土豪の子孫にあたる村落の指導層は、中世的な「村落神話[25]」

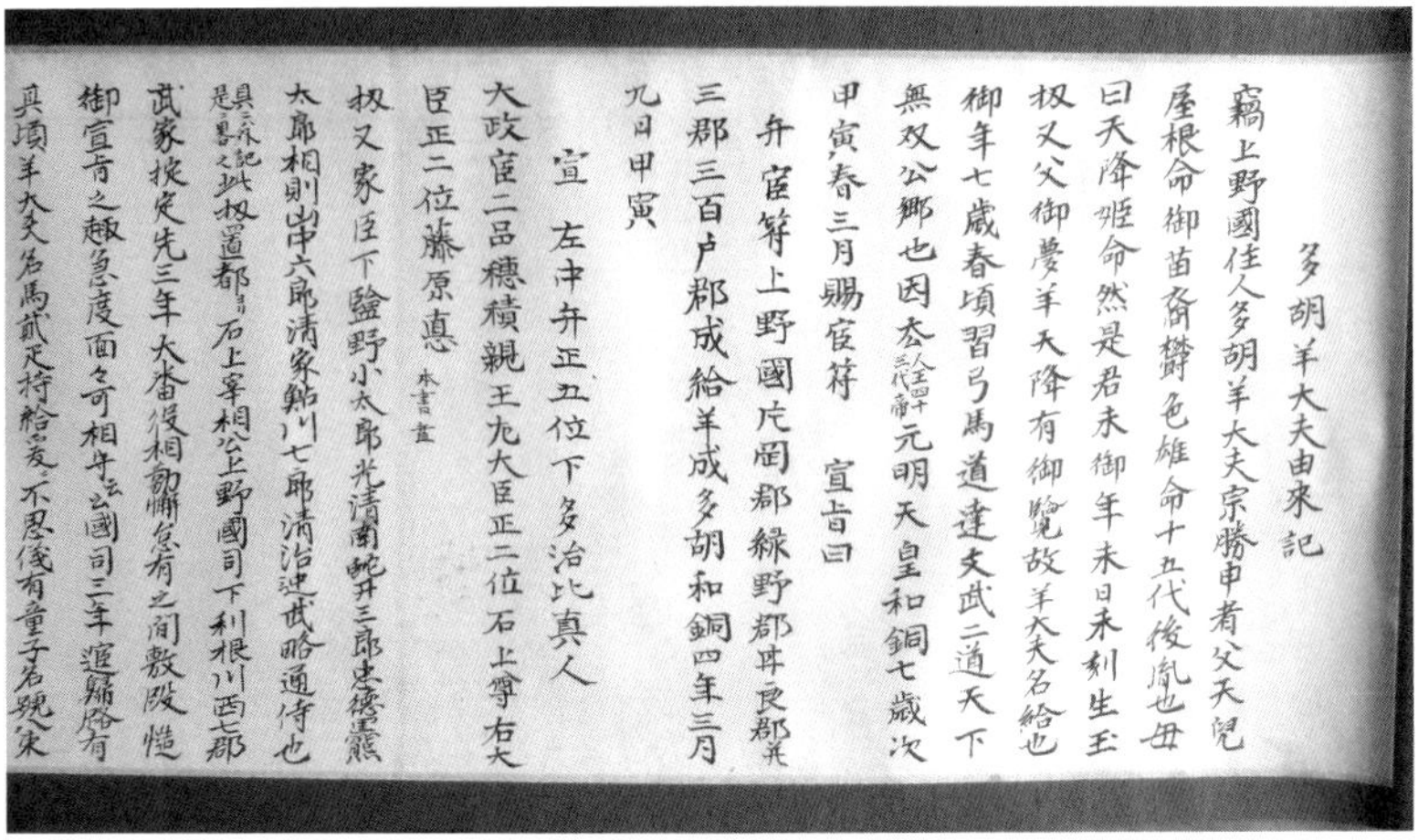

写真 2 『多胡羊太夫由来記』（享保 2 年写本）冒頭部分

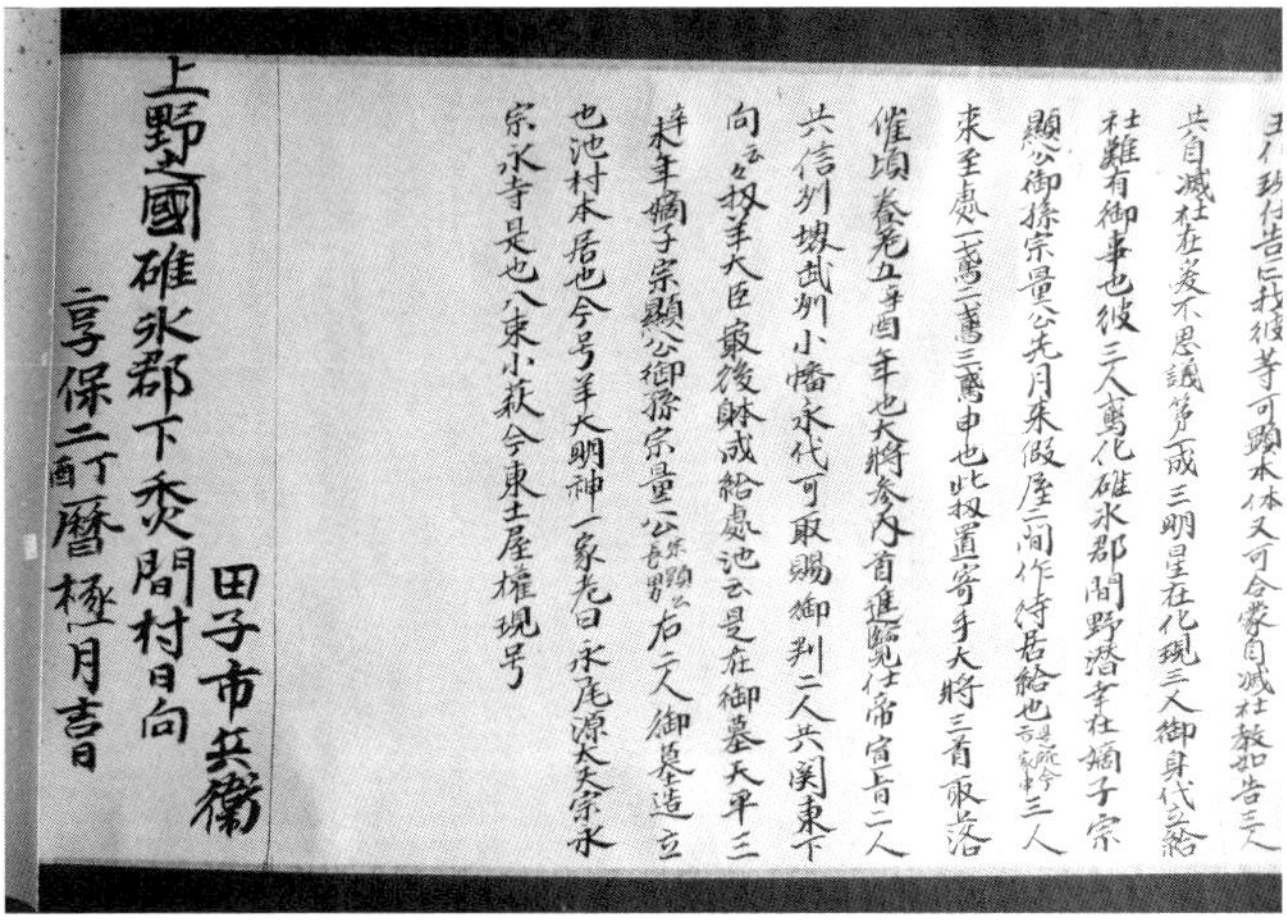

写真 3 『多胡羊太夫由来記』（享保 2 年写本）末尾部分

を「開闢伝承」へと語り変えたり、さらにそれを「由緒」として文字化したりするなど、近世社会に適合した「歴史」の創造に取り組んだのである。(26)

B類の「語りもの」がA類の「由来記」に変化したことも、以上のような社会状況と関係していたとみてよい。A『多胡羊太夫由来記』は、布教を念頭においた在地縁起であるB「小幡羊太夫縁起」とは質的に異なるテクストであって、羊太夫の残党＝多胡一族のルーツを語るのが目的である。つまりA類は、集団の歴史的起源を述べた点で近世的な「由緒」＝「書く歴史」としての性格を持つのである。

ところで、羊太夫の子孫が享保年間の初めにこうした物語を編んでいたとすれば、伊藤東涯の『盍簪録』の成立に先立ち、はやく在地において多胡碑が「読まれて」いたことになる。『多胡羊太夫由来記』の冒頭部分には、すでに多胡碑の全文が引用されているのである。

『盍簪録』については正確な著述年が特定されておらず、一般的には、享保元年から八年までの間に書かれた記事を、八年ごろにまとめたと考えられているが、(27)多胡碑についての情報もそのころ東涯に伝えられたと思われる。奈佐勝皐は『山吹日記』のなかで、「世に羊の碑といへり。是は長崎弥之介がしる所なり。彼おほじ予州は、我あつまの詔をうけ奉りてここのへの御垣につかまつりける間、伊藤東涯にかたれりしを、やがて盍簪録にしるしたるより、世にようようしりにたり」と書き、多胡碑の情報が領主の長崎家から東涯に伝えられたと述べている。(28)しかしそれに先行して、領主に現地情報を提供した別の人物が存在したはずである。石碑の所在地を知るにはその土地の地理に通じている必要があるし、文字の解読と記録にはある程度の文化的素養が求められる。この最初の仕事に携わったのは、在地伝承に通じた地元の文人ないし宗教者ではないだろうか。

ただそれは、小幡氏関係の人々ではなさそうである。筆者は、多胡一族か、もしくは彼らと友好関係にあった人物が長崎氏への情報提供者だと考えている。以下、それについて検討してみよう。

先に触れたように、東涯の『盍簪録』によれば、多胡碑が「羊太夫之社」として信仰されるいっぽう、「穂積親王の墓」とも呼ばれていたとされる。享保前後の上野国の状況と考えられるが、『小幡羊太夫縁起』には穂積親王への言及はなく、小幡氏やその関係者が特別に親王を尊崇する理由はない。ところが『多胡羊太夫由来記』のほうには「関東上野多胡城主穂積親王」「我君穂積親王」などと、主人公の羊太夫を穂積親王と呼ぶ箇所が見られ、書き手が二者を同一視していたことがわかる。羊太夫の父の出自を語る冒頭部分にも「父天津小屋根命御廟裔 鬱色雄命十五代後胤」という錯綜した記述があり、羊太夫は天津小屋根命の子孫(藤原氏)で、なおかつ鬱色雄命の後裔(穂積氏)だと主張するのである。

これは『多胡羊太夫由来記』だけの特別な見解であり、『小幡羊太夫縁起』においては、羊太夫は天津児屋根命の子孫とされるだけだ。つまり、多胡碑を「穂積親王の墓」と呼ぶのは多胡一族の他にない。一部の人々しか知りえない情報が何らかの理由で東涯にもたらされたわけであり、特殊な状況を考える必要がある。彼が直接『多胡羊太夫由来記』に目を通していたか、あるいはそれを読んだ人から情報提供されたとしか思えないのである。

また、『多胡羊太夫由来記』に引用された多胡碑の碑文を『盍簪録』のものと比べてみると、さらに興味深いことがわかる。伊藤東涯の『盍簪録』の図では、本来なら「羊」「尊」と読むべき文字が欠字となっている。江戸時代の文人の間でも指摘されていたことで、東江の『上毛多胡郡碑帖』にも、「伊藤氏盍簪録載多胡碑図、而碑中羊字石上藤原字下尊字並為蝕壊、然今親観其碑羊尊三字昭然」と述べられている。多胡碑を実見しさえすれば、その箇所が「羊」「尊」であるのは明らかだというのである(写真4・5)。

ところが、現地で編まれたはずの『多胡羊太夫由来記』もまた、最後の「尊」の字を読み違えており、「悳」とし

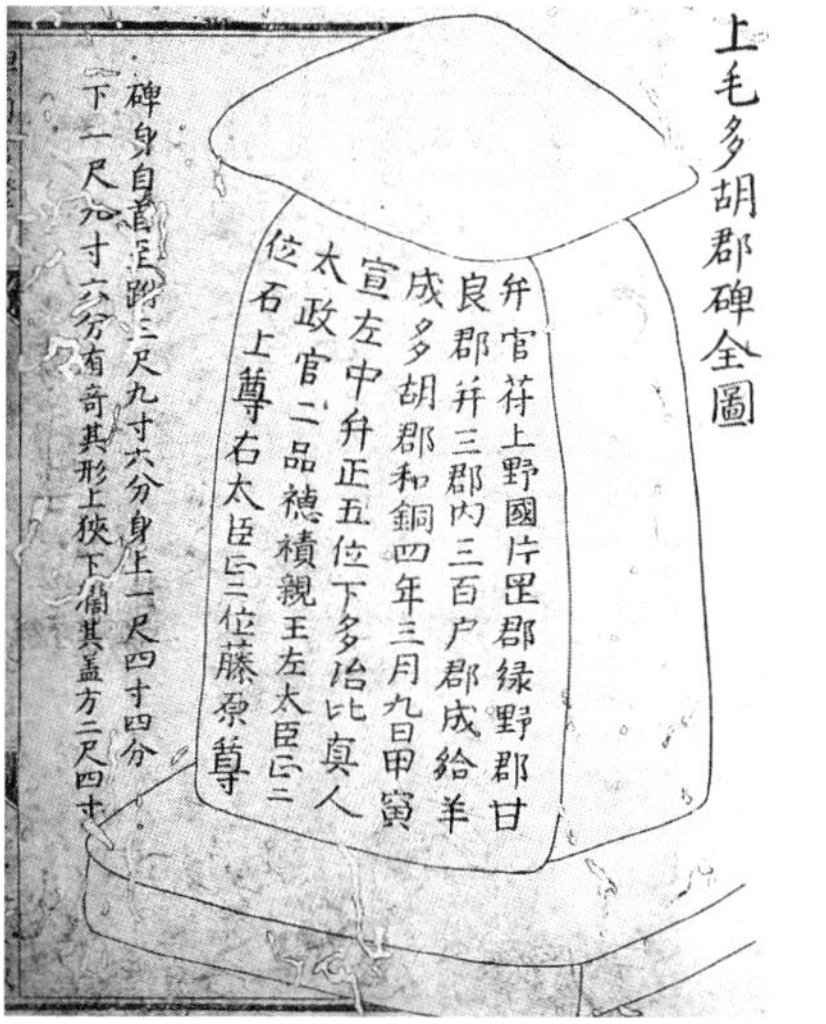

写真５　『上毛多胡郡碑帖』の多胡碑の図

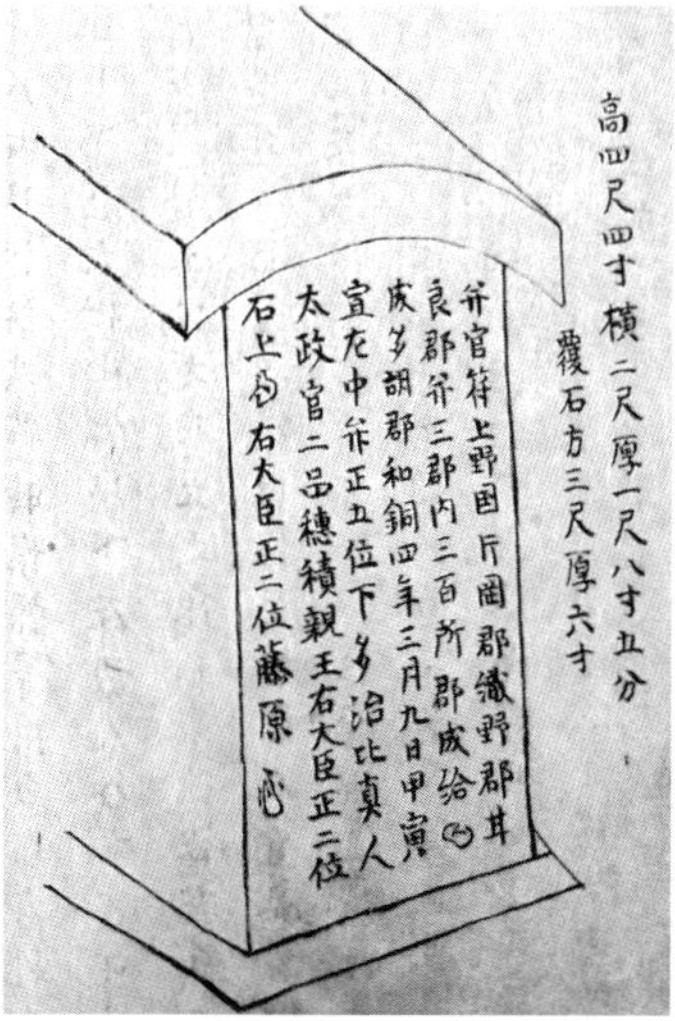

写真４　『盍簪録』の多胡碑の図

写真７　多胡碑の「尊」の文字

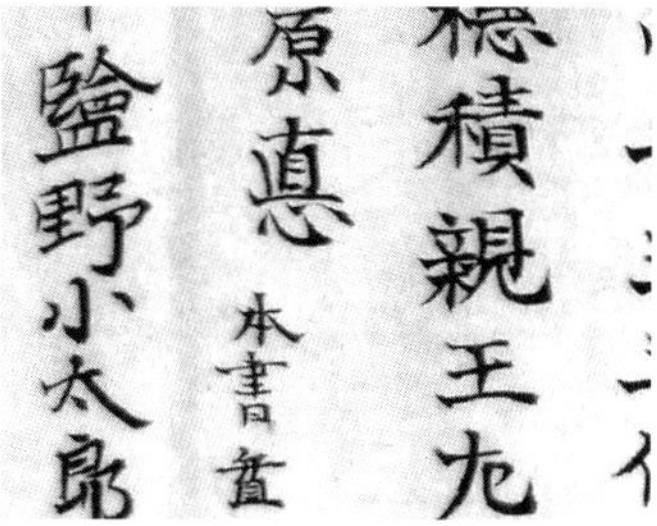

写真６　『多胡羊太夫由来記』（享保二年写本）の悳の文字

ている。おそらく碑面の傷を「心」の一部だと思ったのだろう。しかしそのために議論が生じたようで、「本書笡」との添え書きがなされている。ちなみに、この「本書」とは多胡碑のことだろうが、不鮮明な拓本を使用したのかもしれない。いずれにせよ転写者は実物を見ても、どうしても「尊」だとは気づかなかったのである（写真6・7）。

ちなみに、『上毛多胡郡碑帖』が出版された後も、この誤りが修正されることはなかった。両書の享受者はそれぞれ別個の文化圏に属していたため、情報交換がなされなかったにちがいない。(29)現存する『多胡羊太夫由来記』所収の碑文は「悳」字の誤読のほかにも、文字の抜けなど重大な誤りがいくつもあり、写本製作者が学問的修練を積んでいないことがわかる。何者かが碑文の文字を吟味しないまま書き写し、多胡一族にはそれが代々伝承されてきたのである。

三　羊太夫の墓誌と多胡碑の複製

本節では多胡氏が建立したいくつかの石造物について比較検討を行うが、それに先立って、これらの石造物と多胡碑のレプリカとの差異を確認しておきたい。

多胡碑の模刻として以前から学界に知られているものは五点で、そのうち三点は石製、二点は木製だ。石製のものは①甘楽郡富岡市（妙義町）横尾家、②福島県喜多方市（耶麻郡加納村）三浦家、③高崎市（吉井町）仁雙寺にあり、木製のものは④高崎市八幡町矢口家、⑤桐生市吉田家（現在は桐生市が保存）に伝来する。

これらについては、多胡碑の偽造問題と絡んでこれまで様々に議論されてきたが、(30)古代のものとして一部の研究者に重視されていたものもある。しかし近年では、科学的な研究手法により正確な作成年代が明らかになり、いずれも近世後期以降に作られたものであることがわかってきた。(31)

石製のものについては、誰が何のために作ったのかわからないが、桐生の商人吉田家が弘化三年（一八四六）に製作した木製の⑤は作品本体に解説の文言が彫りこまれている珍しいもので、こうした物を作製する人の考え方を知ることができる。それによると、当時は多胡碑の見学が制限され直接の採拓も禁止されていたため、人々は直接実物に接して観賞することができず、愛好家の間では、市場に出ている拓本が粗悪品ばかりであることに不満が募っていたようである。そこで吉田家では、家蔵の古い拓本数点をもとに精密なレプリカを作り、風雅を好む仲間たちの思いを叶えようとしたのだという（写真8）。

以上のように、近世後期には、書を愛するディレッタントの手でレプリカが作られたのであり、模刻は彼らの作品なのである。彼らが沢田東江の影響下にあったことは言うまでもない。多胡碑の「文字」に「美」を見出す人々なのである。

これら愛好家の作品群と比較してみた時、多胡一族の石造物群の独自性が際立ってくる。そこにはレプリカと同様に多胡碑の文言が刻まれているのだが、前者と違って字体や石碑の形状などがオリジナルと大きく異なっており、見る者に粗野な印象を与える。実物に似せようとする意志が全くうかがえないのである。

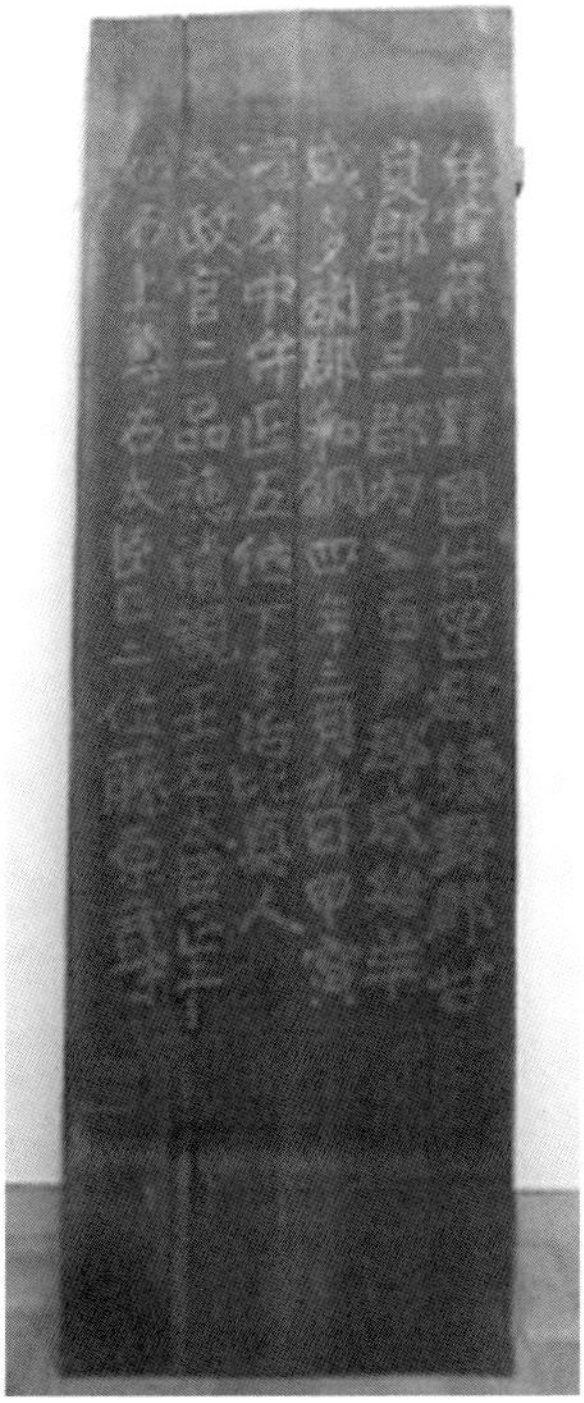
写真8　吉田家の多胡碑模刻

愛好家たちの作品のように、多胡碑と寸分違わぬ模造品を作ることはできた。ところが羊太夫の子孫たちは、いずれもそうした選択肢を選ばなかったのである。その事実は、同じく多胡碑を尊重しながらも、彼らが「美」を追究する人々とは価値を共有できなかったことを示していよう。

1　間野の石碑

「羊太夫の墓誌」のうちもっとも古いものは、高崎市上里見町・間野の多胡神社境内に建つ。一見すると自然石に多胡碑の文言を刻んだだけにみえるが、重要なのは石碑の中心に「多胡宮霊羊宗勝神儀位」の文字があることだ。建立者には羊太夫を供養したいという意志があったのである（写真9）。そして多胡神社では現在も多胡郡建郡の日である三月九日にあわせて羊太夫の祭り（先祖祭り）が行われている。

①人王四十三代帝元明天皇御宇賜之
弁官符上野国片罡郡緑野郡
甘良郡并三郡②三百庄郡成給
羊成③多胡④和銅七年三月九日

多胡宮霊羊宗勝神儀位

甲寅宣左中弁正五位下
多治比真人
大政官二品穂積親王⑤左中弁

写真9　多胡神社境内の「羊太夫の墓誌」

正二位石上尊右大臣正二位藤原悳⑥
光耀欽書

ところが、こうした羊太夫への強い思い入れにもかかわらず、当時の村の人々は「羊太夫の墓誌」建立の意味については何の記録も残していない。碑面には建立者の名も年代も刻まれていないのである。石碑の隣にある角柱に天保七年（一八三六）の年記があるものの、それは神社の創建年だとの説もあり、百年近く遡った寛延元年（一七四八）の建立とみる研究者もいる[32]。

さて『多胡羊太夫由来記』によれば、この間野村こそ官軍に敗れた羊太夫の隠れ場所だという。由来書の末尾部分に「彼三人鳶化、碓氷郡間野潜幸在、嫡子宗顕公、御孫宗量公、先月来仮屋二間作待給也」との記述があり、割注で「是所ヲ今二ツ屋ト申ス」と解説される。

意味の取りにくい部分もあるが、最後の戦いのあと、羊太夫たち三人が鳶になって追手を逃れ、この地に潜んだということのようだ。その時、息子の「宗顕公」と孫の「宗量公」が間野に前もって隠れ家を用意していて、それが「二間の仮屋」だったことから「二ツ屋」の地名が生まれたという。この「間野潜行」伝説は『多胡羊太夫由来記』の流布とともに周辺地域に伝播しており、多胡一族が間野から広がったと信じている人も多い。

ただ、この落人伝説は、『多胡羊太夫由来記』だけにみえるもので、村内に伝わる地名由来譚を文字化して記録したと考えられる。「二ツ屋」の場所は、多胡神社裏手の森のなかだが、山中では珍しい平坦地であり、村では先祖の屋敷があったと語り伝えられている。烏川の渓谷上の断崖で、近辺に小さな風穴もあるなど、落人伝説にふさわしい雰囲気である。少し離れて摩崖仏が刻まれた場所もあるので、かつては聖地として畏れられていたのだろう。そのため、この「二ツ屋」に近い場所に、村人の先祖を祀る「多胡神社」が作られ、祭祀上の目的から「羊太夫の墓誌」が建てられたと考えられる。

しかし注目すべきは、この「羊太夫の墓誌」の文言が多胡碑と微妙に異なることである。相違点を列挙すると、①「人王四十三代帝元明天皇御宇賜之」という表題の存在、②三行目で「三百戸」が「三百庄」になっていること、③四行目の「多胡郡」から「郡」が抜けていること、④四行目で多胡碑の「和銅四年」を「和銅七年」としていること、⑤七行目の「左大臣」を「左中弁」と誤記していること、⑥最終文字の「尊」を「悳」と読んでいること、の六点である。単なる間違いと思われるもの（②⑤）もあるが、その他の異同点は、建立者の立場を知るうえで重要な意味をもっている。

なかでも、興味深いのは④と⑥である。多胡碑の拓本か『上毛多胡郡碑帖』を見ればすぐ確認できるはずなのに、なぜか建立者は独自の見解にこだわっているのである。

多胡碑との相違の理由は建立者の子孫にもわからないようだが、「羊太夫の墓誌」の文言を『多胡羊太夫由来記』と比較対照すると意外なことが明らかになる。①元明天皇への言及、②の混乱、③郡の脱字、④和銅七年という年記、⑥「悳」の文字など、墓誌の特殊な表記はすべて『多胡羊太夫由来記』と一致するのである。

①元明天皇④和銅七歳次甲寅春三月賜宦符　宣旨曰
弁宦符上野国片岡郡緑野郡甘良郡并三②郡三百戸郡③成給羊成多胡和銅四年三月九日甲寅
宣　左中弁正五位下多治比真人
大政官二品穂積親王左大臣正二位石上尊右大臣正二位藤原悳⑥
（『多胡羊太夫由来記』部分）

解説すると、①は先祖が元明天皇から宣旨を賜ったことの強調で、天皇権威に基づき羊太夫の正当性を主張したもの。②は『多胡羊太夫由来記』の編者が多胡碑の文言の「三郡内三百戸」から「内」を写し忘れたため混乱が生じたもの。③も同じく「給羊成多胡郡」の「郡」の字の読み落とし。④は由来記作者の独自の考証による年記。⑥は先述のように、石碑の傷を心の左側の点と考え「悳」と読んだもので、いずれも他資料には見られない『多胡羊太夫由来記』独自の立場である。

つまり間野村の「羊太夫の墓誌」は、多胡碑ではなく、『多胡羊太夫由来記』をもとに作られたのである。むろん、多胡碑との食い違いが生じたのは、拓本が入手困難だったからかもしれないが、当時の文人らによる多胡碑研究の成果が、彼らの石碑建立にはほとんど反映されていないことが重要である。

高橋道斎らの『上毛多胡郡碑帖』以外にも、上野国内外の文人が多胡碑を論じた書物は複数ある。しかもそれは、難しい内容のものばかりではない。多胡碑と羊太夫伝説については、地誌・随筆・旅行記・誹諧書など、幅広い書物において様々な角度から取り上げられており、なかには読みやすいものも少なくない[33]。したがって、こうした書物を参照しさえすれば、由来記の誤りを直すのは、そう難しいことではないはずである[34]。

しかし間野村の人々は、彼ら独自の立場から「羊太夫の墓誌」を建立したかったのだろう。信仰上の信念に基づく行動だったのだろうか。それとも時代の流れに反抗したかったのだろうか。あるいは、由来記が尊重すべき先祖伝来の巻物であることから、その内容を変えるのをためらったのだろうか。いずれにせよ彼らが同時代における学問研究の成果を無視したことには重要な意味があったと思われる。羊太夫の子孫としての矜持と、自主独立の精神のためではないだろうか。多胡碑を珍重する学者や芸術愛好家たちの動きをよそに、彼らは自分たちだけの小さな世界を守ろうとしたのだった。

もっとも現在の間野村では、多胡碑についての科学的知識が村民の間にゆきわたっており、碑文内容についての理解も進んでいる。もちろん羊太夫の祭りは現在も部外者を入れず村人だけの手で行われているが、祭祀の内容は、石碑建立当初からは変化している可能性が高い。なぜなら、現在の祭りにおいて重要な役割を果たすのは、「羊太夫の墓誌」ではなく、多胡碑の拓本だからである[35]。

その直接のきっかけは、昭和四十年ごろ、祭りの世話人をしていた多胡U氏の発案により、村内の多胡姓の家々に多胡碑の拓本を頒布したことにあるという。そのため現在ではそれを床の間にかけて、家ごとに先祖を祀ることも可能になった。そして先祖祭りにおいても、年番が拓本の一本を公民館に飾り、その前で村人たちが共食するようになったのである。

以上の新しい習俗は、多胡碑の安価な拓本・写真・リトグラフ・その他、実物大の印刷物が簡単に手にはいるようになった近現代においてのみ実現可能である。しかし、拓本が高価で手に入りにくかった時代には、『多胡羊太夫由来記』と「羊太夫の墓誌」だけが、彼らの系譜意識と自尊感情の拠り所だったのである。

2 中野谷の石碑

間野のほかにも、碓氷郡中野谷と同郡下秋間日向に多胡碑関係の石造物が存在する。これらは『多胡羊太夫由来記』を伝来する村々でもあるが、お互い近接した場所に位置していることから、間野村から何らかの形で影響を受けたと考えられる。

中野谷村の石碑は、羊太夫を祀る羊神社の境内にある(写真10)。建立年は不明であるものの、様式は間野のものと似ている。中心の「多胡宮羊太夫宗勝神儀位」の文字を囲んで多胡碑の文言を彫りつけてあり、「人皇四十三代元明天皇宣旨」という表題を上部に配している。

弁官符上野国片罡郡緑野郡甘
人皇　良郡并三郡内三百戸郡成給羊
四十　成多胡郡和銅四年三月九日甲寅
三代
元明　　多胡宮羊太夫宗勝神儀位
天皇　宣左中弁正五位下多治比真人
宣旨　太政官二品穂積親王左太臣正二
　　　位石上尊右太臣正二位藤原尊

写真10　羊神社境内の「羊太夫の墓誌」

これも「羊太夫の墓誌」であろう。ただ間野のものとは異なり、文言は多胡碑と完全に合致する。拓本が民衆の手に入るようになった比較的新しい時代に、間野のものを参考に作られたと思われる。

ところでこの羊神社だが、明治五年の壬申地券地引絵図(36)では神社地になっておらず、現代のような名称となったのはそれ以降であるようだ。神社の由来については、中野谷村の多胡市太郎が記した「伝説」という明治十一年の記録があるので、以下に引用しておきたい。

伝説

羊社ノ儀　旧三戸ノ時　遠祖天児屋根命ヲ祭祈シ　又天正年中　小幡孫市知行所ニ至リ其頃ニ及ヒテ　多胡ノ祖先ヲ併セ羊明神ト崇祭信心罷在リ　猶又地頭所ヨリ延宝年中御検地改革ノ節　十二戸持故ニ　十二社権現ト祭リ

来シ所　明治ノ初年王政ノ御代ニ変革シ復古ノ御趣意ニ基キ幸ニ羊明神ト旧号ニ復シ岩鼻県ノ時上申仕リキ　抑戸数繁殖スルニ従ヒ享和初年中再建ニ及ヒ　益信仰甚シ　既ニ方今廿七戸ニ連レリ　前顕小幡氏八代ニ至リ天明年中　村吏又四郎ナル者　性質淫縦　已ムヲ得サルノ挙動ニヨリ免役除籍尋テ退転ニ及ヘリ　右ノ所為ニテ水帳ハ勿論書籍類咸ク写ヲ以テ引譲リ其尓来転役ノ度々写ヲ以テス　故ニ確証トス可キ書類無之唯端帳ノミ　困テ先吏家ヲ探索セシニ　去ル　明治八年一月焼失ニテ書籍類皆灰塵トナリ　無是非或老人ニ伝来ノ言事ヲ問ヒ　或ハ旧端帳ヲ取調候得共　証書タルモノナク　古来概略ノ伝説ヲ書シ　謹而言上ス　頓首再拝

第廿壱大区三小区

碓氷郡中野谷村

多胡市太郎

明治十一年二月

本区々務所

副区長

萩原鐐太郎殿

多胡市太郎から副戸長の萩原鐐太郎(37)にあてたもので、神社の由来を役所に報告したものの写しである。村政上の不祥事や火災によって文書が失われたことから証拠とする資料はなく、そのため伝承などを文字化したと述べている。

それによると、かつて村に三軒しか家がなかったころ、遠祖の天津児屋根命を祀る神社があったが、その後、小幡氏がこの地を領知するようになった天正年間（一五七三〜九二）に、「羊明神」として多胡氏の先祖を祀ったという。また、「十二社権現」という江戸期の正式名称は、村に人が増えて戸数一二戸になった時代のものであり、王政復古以降は、それを改めて本来の「羊明神」に戻したと述べている。ようするに羊神社は近代的な伝統の創造の産物なのである。

なお、この書面のなかで、村の始まりが「旧三戸ノ時」と語られるのは村内の家格制度と関係する。この村には、旧家と考えられている多胡姓の家が三軒あり、かってはそれらの家が「年番」として交代で神社を守ったと伝わる。そのひとつの子孫にあたる多胡K氏（大正十四年生まれ、故人）の解説によると、羊神社の先祖祭りは村祭りよりも重要な行事であるとされ、年番以下の村人は、祭日にあたる三月十五日に向けて毎年怠りなく準備をしたとのことだった。三月に入ると村人は、まず多胡碑の掛け軸を出して床の間にかける。そして三月十五日から一ヶ月の間、それぞれがこの掛け軸に毎日供物を供え、特に十五日にはお神酒とお茶を上げて懇ろに供養をしたそうである(38)。

中野谷村の人々は、羊太夫を一族の偉大な先祖として崇敬しており、多胡S氏（大正四年生まれ、故人）が青年だった昭和初期には、村の年長者から「新年の挨拶のさいなどには決まって、『羊太夫に倣って我々も生きよう』という訓示を受けた」ものだという。

しかし、悲劇の英雄＝反抗者としての羊太夫像も根強く、先の多胡K氏などは「国に尽くしたのに、国賊になって西横野あたりに追われてきて、大島鉱泉で毒マンジュウを使って、最後は城に立てこもった(39)」などと語るのである。多胡一族においては、先祖を国に裏切られた無辜の犠牲者とみなす傾向が強い。そして、その霊魂を祀った羊神社の性格についても、「ほかの日本の神々とは別の自分たちだけの神様」だと主張するのである。

「（羊神社は）むかしは権現様と呼ばれていました。村の人を守るために建てたのを、戦争の頃、氏子がお金を出し合って神社に昇格させました。なかなか神社にならなかったのは、普通の神社とは違うので、先祖を守っている権現様だから、協力できないといって断ってきたからです」（話者：多胡K氏、先述）。

よく知られているように、復古主義的な英雄崇拝は「伝統の創造」と結びつきやすく、権威主義やナショナリズムを強化する側面が顕著である。ところが、この羊太夫信仰の場合は皮肉にも、近代移行期のフィクションが強権に対する反抗心と自主独立の精神を創り出したのである。

3 日向の石碑と小祠

日向村にも多胡碑の文言を平石に刻んだ石碑がある。それは現在公民館前の丘に立っているが、かつてはここに村の鎮守の熊野神社があった。石碑建立の時期は不明であるものの、文言が多胡碑のものと同一であることと、石材が劣化しておらず状態が良いことから判断して、中野谷村のものと同時期か、あるいはそれ以降の建立と思われる(写真11)。

熊野神社を先の壬申地券地引絵図で確認してみると[40]、その区画に村の多胡一族の本家である「多胡市兵衛」の名が書き入れてある。この家が同族団を束ねて神社地を管理していたのだろう。石碑建立の責任者だった可能性も高い。

前出の『多胡羊太夫由来記』をはじめ、多胡(田子)市兵衛に

写真11　熊野神社跡地の「多胡碑」

写真12　「多胡宮羊大明神」

由来する羊太夫関係の遺物は多いが、なかでも注目されるもののひとつが、その宅地跡に残る「多胡宮羊大明神」の祠である[41]（写真12）。

市兵衛の屋敷があったところは今は畑などになっており、住む人がいない。子孫にあたるＳＹ氏（昭和三十二年生まれ）の説明によると、明治のはじめ、日向村では大きな山崩れが起き、本家をはじめ主要な多胡姓の家々は揃って村内の安全な場所に移転したという。しかし屋敷神はそのまま残され、多胡碑の祭日である三月九日と冬の屋敷神祭りの日に、直系の子孫が変わらず祭祀を行ってきた。現在では共食などはないが、分家の多胡Ｅ氏（昭和二十年生まれ）の記憶によると、かつては三月九日に分家の当主が酒などを準備し、本家にあいさつに行くことはあったという。

屋敷跡の小祠は、地所の一角にまとめて安置されており、総称して「オイナリサン」と呼ばれる。しかしそれらは、本来は別々の時代につくられた性格の異なるものである。詳しく見て行くと、①寛政九年（一七九七）多胡義珍建立のもの（奥行き七五㎝、幅三八㎝、高さ六〇㎝）、②田子氏建立のもの（奥行き五六㎝、幅三四㎝、高さ五六㎝）、③寛政十年建立の「多胡羊大明神」（奥行き七五㎝、幅五四㎝、高さ九九㎝）、④多胡家歴代の当主の名を刻み、永正元年（一五〇四）の年号のあるもの（奥行き七五㎝、幅三八㎝、高さ八二㎝）の四基だ。

そのなかで、比較的大型の③と④は、家の歴史を示す記念物としての性格が強く、興味深い歴史情報が刻まれている。内容は羊太夫伝説に基づいているが、必ずしも『多胡羊太夫由来記』には則っていない。独自の解釈を加えた非常にユニークなものであり、近世の日向村でどんな伝説が語られていたかがわかる。本節では③「多胡羊大明神」祠に刻まれた文字を解読しその内容を検討する[42]。

（右側面）

当国多胡郡池村在城
小幡太郎藤原勝定
嫡男和銅四暦多胡
羊太輔左大臣正二位藤
原宗勝十七代後胤同性
和泉守勝重長男□□
□勝義孫市兵衛義珍

（正面上）

多胡宮羊大明神

（左側面上）

人皇三拾九代斉明天皇
五代皇子太政官穂積

（正面下台座）

御縁日
三月九日
願主
多胡氏

（左側台座）

応永元屋敷
開闢住居

写真13　祠に刻まれた文字
（左側面上）
拓本作成　久保康顕

親王四拾三代元明天皇
□（即カ）位羊太輔御出生□（年カ）
持統天皇九乙未暦未ノ日
未ノ刻御誕生也

寛政十戊午歳
正月吉祥日
建立之
安中宿石工伊藤与□□門

独自の見解として興味深い点の第一は、右側面の一行目で「当国多胡郡池村在城」とし、羊太夫の本拠地が池村だとすることである。これは他の資料と矛盾する伝承である。『多胡羊太夫由来記』において、羊太夫の館は小幡にあり、城は「多胡城」と呼ばれる。後世に編まれた『羊太夫栄枯記』などでは羊太夫の城を「八束城」とする。いずれにせよ、一般的には池村は羊太夫の墓がある場所であり、城の場所ではないのである。

二点目は、三行目から四行目にかけての、「多胡羊太輔左大臣正二位藤原宗勝」という表現である。羊太夫＝藤原宗勝が正二位でかつ左大臣だったというのだが、羊太夫はこうした高い官位を与えられるような地位にはなかったはずで、おそらく別の誰かと取り違えているのである。多胡家の人々が羊太夫と穂積親王を同一視していたことは先に述べたが、なるほど多胡碑を見れば「穂積親王」に続く部分に「左大臣正二位」の文字がある。ところがこれは次の「石上尊」にかかっており、決して穂積親王の官位ではないのである。

また、左側面に「人皇三拾九代斉明天皇　五代皇子太政官穂積親王　四拾三代元明天皇□（即カ）位羊太輔御出生」と刻まれたのもそうした誤解と関係しているに違いない。これまで同一視していたふたりを改めて併記しようとしたために、新たな混乱が生じたのだろう。年代の明確化を図って天皇の名を刻んだせいで、かえって時代のずれが露呈する結果となっている。ちなみに、斉明天皇は三五代・三七代の天皇であり、穂積親王は天武天皇の第五皇子である。

左側面の四～五行目に「羊太輔御出生□(年カ)持統天皇乙未九暦」とあって、羊太夫(輔)を持統天皇九年(六九五)の出生とするのも『多胡羊太夫由来記』とは異なった記述である。ただ現在は廃寺となっている八束山観音寺の『上野国多胡郡八束山千手観音略縁起』(奥書　寛保年間［一七四一～四四］)に同様の記述を見出すことができるので、[43] おそらくこの説を踏襲したのだろう。しかしこの寺院は羊太夫の城があったとされる多胡郡八束山にあり、日向村からは遠い。多胡氏がどうやって縁起書を入手したのかはわからない。

以上のように、この小祠には数々の独自伝承が刻まれており、羊太夫伝説の層のあつさを窺わせる。しかし、特に注意すべきは他にみられない穂積親王への傾倒であろう。歴史的整合性が破綻するにもかかわらず、[44] 彼らがあえて親王の名を石文に残したことが重要である。

興味深いことに、日向村の多胡家には、先祖と皇室との特別な関係を説く伝説が存在する。「多胡羊大明神」の祠には菊と桐の紋章が刻まれているが(写真12参照)、建立者の子孫にあたる前出のSY氏によると「言い伝えなので本当かは分からないけれど、多胡家の先祖にはむかし皇族に嫁いだ女性があり、その縁で日向の多胡家は菊と桐の紋を使う」のだという。しかも、菊の紋章を用いるのは日向村だけではなく、間野の『多胡羊太夫由来記』(多胡武正氏の旧蔵品)にも「直径四十三糎　十六葉菊花朱印一ケ」[45] が押されていたことが知られる。文書を権威付けるための装飾と思われるが、羊太夫＝穂積親王の存在を念頭に置いたのかもしれない。

もちろんこうした紋章のイメージは必ずしも特定の皇族だけに結びつくのではない。間野村と中野谷村の石碑には元明天皇の名が、日向村の小祠には斉明天皇・元明天皇・持統天皇の名が刻まれているのである。こうして複数の天皇の名を明記するのは、羊太夫伝説を「大きな歴史」のなかに位置付ける意味があったのではなかろうか。羊太夫の大反乱がどの天皇の時代に起こった事件か明確化することで、先祖の由緒を国史に溶けこませ、一般社会に同化しようと試みたのかもしれない。

ところが、もしそうだとしても「人皇三拾九代斉明天皇　五代皇子太政官穂積親王　四拾三代元明天皇□（即カ）位羊太輔」（前出）というような表現はいささか過剰である。人物名を列挙するのは多胡碑と同じ様式ではあるが、ここではそれが貴人崇拝へと傾いている。背後にあるのは、自分たちを神に連なる存在と見なす選民思想なのである。彼らは羊太夫伝承を媒介に天皇信仰と結びつくことで、ゆるぎない自尊の精神を培ってきたのではないか。ただそれは、彼らが朝敵＝羊太夫の子孫として異端視されることと表裏一体をなしているのだ。

なお、彼らが「羊太夫の墓誌」を建立した時、和銅七年と記しただけで、実際の建立年月日を決して明記しなかったことも彼らの高い自意識のためだろう。和銅の昔からのルーツを主張するため、石造物を実際より古く見せようとしたのである。(46)

しかしそれは、たんなる名門意識の誇示とは似て非なる発想に基づいている。「特別」の存在である彼らは、和銅の「昔」と「今」を直接に結びつけ、羊太夫神話の永続性を示したかったにちがいない。長い時の隔たりを超えて、自身と先祖の羊太夫との一体化を図っているのである。

おわりに

本論文では、日本三古碑のひとつである多胡碑を例にして、集合的記憶と民間伝承との関係を論じた。

一般的に、研究者がこの碑の歴史を論じる場合には、石碑の「発見者」である知識人の功績を高く評価する傾向があり、羊太夫を信仰する民衆の動きは注目されることが少なかった。そのため、在地で建立された一連の多胡碑類似の石造物類なども、これまではたんに多胡碑ブームの余波でつくられたものと見なされていた。しかし筆者は「羊太夫の子孫」を称する人々の世界観を深く研究することで、「羊太夫の墓誌」が決して多胡碑の模造品ではなく、在地縁起の『多胡羊太夫由来記』の影響でつくられた独自の信仰遺物であることを明らかにした。

また、本論文執筆のための調査で、享保二年(一七一七)の『多胡羊太夫由来記』写本を発見し、在地社会における多胡碑「再発見」の時期が、遅くとも十七世紀中期以前に遡ることが確認できた。多胡碑は知識人によって「発見」される以前においても、はやく在地の人々の手で「読まれて」いたのである。その在地の「発見者」は、宗教的知識を持つ人物だったと考えられる。

ただし、「羊太夫の子孫」によって建立された「羊太夫の墓誌」は、必ずしも信仰をバックボーンとしたものではなく。むろん『多胡羊太夫由来記』に多胡碑の碑文全体が引用されている事実は、彼らの多胡碑への関心の深さを物語る。しかし、羊太夫の子孫たちが多胡碑そのものを呪物として崇拝していた事実はないのである。しかも彼らは、知識人たちのように多胡碑の美的価値を重んじていたわけでもなかった。「羊太夫の子孫」は、同時代の多胡碑研究の成果からほとんど影響を受けずに独自の墓誌を建立したのであり、彼らにとって多胡碑は先祖の物語を「今」に伝える記念碑であるがゆえに重要なのである。

こうした動きはきわめてユニークだが、彼らが「羊太夫の墓誌」を作ったのは、必ずしも当時の一般社会から遊離した動きではなかった。彼らにしても、①多胡碑の価値が文人たちから評価されるようになり、多くの見学者が池村を訪ねたこと、②その拓本が土産物として高い値段で取引されていたこと、③好事家により多胡碑のレプリカが作製されたこと、などに刺激されていたのである。

なお、「羊太夫の墓誌」に先がけて十八世紀末に作られた日向村の「多胡宮羊大明神」の祠は、きわめて研究史的価値の高いものだが、こうした既存の記念物があるにもかかわらず、近代になって別の石碑が新たに建てられるに至った事実は、古い祠に刻まれた物語内容が、このころにはもはや社会的に受け入れがたいものになったことを示している。

むろんそれ以降も、「羊太夫物語」は完全に廃れたわけではなく、多胡一族においては、昭和になって新たに作成された写本もある(47)。しかし近代以降、ナショナルヒストリーの浸透により歴史解釈が「専門家」の手に委ねられるようになると、当事者が新たな「神話」を紡ぎ出す余地は少なくなった。新しくつくられた中野谷や日向の石碑には独自の記述がみられず、多胡碑の文言がただ刻まれているだけなのである。

註

（1）佐藤喜久一郎　二〇一二「多胡碑と渡来人のフェイクロア―郷土史をめぐる文化政治学―」由谷裕哉編『郷土再考―新たな郷土研究を目指して―』角川学芸出版

（2）多胡碑については偽造説もあるが、和銅四年に多胡郡が創設されたことについては『続日本紀』にも該当記事が存在する。ただ碑文自体はその当時の公文書とは様式が異なり、文体も甚だ素朴である。郡創設を記念するため、現地の人々が後世になって建立した可能性もある。

（3）古代史・考古学研究の分野における研究史については以下を参照。
東野治之・佐藤信編　二〇〇五『古代多胡碑と東アジア』山川出版社
あたらしい古代史の会編　一九九九『東国石文の古代史』吉川弘文館

（4）尾崎喜左雄　一九八〇「多胡碑の研究」『上野三碑の研究』尾崎先生著書刊行会　七頁

（5）前沢和之　二〇〇八『古代東国の石碑』山川出版社　四四頁
（6）こうした伝説の存在もあって、群馬県地域では「羊」＝人名説が定着しやすかった。しかし、中央の学会にはそれを否定する「羊」（未）＝「方角説」や「誤字説」などを支持する研究者もあり、たびたび議論が紛糾している。
特に大正時代には、国の史跡名勝保護行政に携わった黒板勝美が、「羊」とは多胡郡が建郡された方角だとして「方角説」を支持し、「人名説」は土地のフォークロアに捕らわれた「想像説」だと批判したため、「帰化人羊」の実在を唱える群馬県地域の郷土史家から激しい反発の声があがった。

しかし、羊太夫の位置付けをめぐるこうした対立は、信頼できる史料が著しく不足していることもあり、論者の政治的立場が学説にダイレクトに反映される嫌いがあった。とりわけ、羊太夫＝渡来人説の是非をめぐる問題は、時代の政治的雰囲気に左右されやすい。
（7）杉仁　二〇〇一「在村文化における東アジア」『近世の地域と在村文化―技術と商品と風雅の交流―』吉川弘文館
（8）堀口育男　一九八六「羊太夫説話伝承考」『伝承文学研究』三二
徳田和夫　一九七四「『赤城大明神事』と羊太夫伝説」『國學院大學文学研究科論集』一
（9）佐藤喜久一郎　二〇〇七『近世上野神話の研究―在地縁起と伝承者―』岩田書院
（10）先行研究に従い、羊太夫を主人公とする一連の物語類を総称して「羊太夫物語」とするが、「羊太夫物語」という書物が存在するわけではない。
（11）堀口前掲論文
オーラルな文化と文字の文化の対立に基づく、「語り物」「読本」という分類名称については、「羊太夫物語」伝播の実態に基づき改めて検討すべき点がある。

(12) 生島足島神社に所蔵されている武田信玄配下の戦国武将の起請文のなかに、「小幡親類中」として白倉(小幡)道佐の名前がある。ただこの「親類」の概念については検討を要する。

(13) 群馬県地域において、白倉氏の歴史がどのように創造されたかについては、一例として次の文献をあげておく。参照してほしい。

山田有隣　一九三八『山田氏系譜　並白倉氏興亡史』私家版

(14) 佐藤前掲書

(15) また、B類の冒頭に置かれた申し子説話など、民話風のエピソードがA類からは省かれていることも資料の性格を表している。

(16) 本多夏彦　一九三六「多碑関係資料断片」『上毛文化』一一七　など参照。

(17) 拓本販売については、高山彦九郎と奈佐勝皐が現場の様子を報告している。前者は安永四年(一七七五)に、後者は天明六年(一七八六)に多胡碑を訪れた。しかしふたりとも拓本は買わず、白倉家の人と話すなどして立ち去っている。

高山彦九郎「乙未の春旅」一九四三『高山彦九郎全集』一　博文館

奈佐勝皐『山吹日記』一九七一『群馬県資料集』六　群馬県文化事業振興会

(18) 堀口前掲論文、佐藤前掲書

大島由紀夫　二〇〇二『伝承文学資料集成六　神道縁起物語』二　三弥井書店

(19) 堀口前掲論文では多胡ぬい氏所蔵となっているものと同一。

(20) 佐藤雲外　一九三四「蠹魚の余業」九『上毛及上毛人』二一一　に、多胡壽男氏所蔵として紹介されているもの。

(21) 多胡碑の世界記憶遺産登録を射程に入れたＮＰＯ法人ひつじ大学の調査で、参加した研究者は筆者のほか、山本隆志・

久保康顕・深沢佳那子の三名だった。
(22)なお、④の所蔵者である多胡恵美子家は、この家からの分家であり、④は⑤を参照して作られたものと考えられる。
(23)本資料を所蔵する多胡俊雄氏は、市兵衛の直系の子孫ではない。この家に『多胡羊太夫由来記』が受け継がれた理由はわからないが、筆者は俊雄家の先祖に幕末~明治にかけて活躍した宗教者がいることと関係があると思う。
(24)藤岡市森新田、永野朝栄氏蔵『羊之太夫縁起』は奥書などから判断して享保三年、または享保十六年の写本と考えられている。なお「羊太夫物語」の享保年間以前の写本は見つかっていない。
(25)「村落神話」については以下を参照。
園部寿樹　二〇〇五『村落内身分と村落神話』校倉書房
(26)岩橋清美　二〇一〇「『村方旧記』の史料的特質」「『村方旧記』の成立と村社会」「名主の文書管理と『村方旧記』の作成」『近世日本の歴史認識と情報空間』名著出版
(27)「盍簪録　盍簪余録　解題」『随筆百花苑』一九八三　中央公論社
(28)奈佐前掲書
(29)比較的新しい写本とおもわれる②だけが「悳」を「尊」と修正している。
(30)伊藤東涯が『盍簪録』において多胡碑は本郷村にあるとしたことから、特に本郷村にあったとされるレプリカに注目が集まった。
(31)瀧澤精一郎　一九七三「「多胡碑存疑」補遺―第二次調査報告―」『野州国文学』六
東野治之　二〇〇五「多胡碑再考　模造碑並びに書風をめぐって」東野治之・佐藤信編『古代多胡碑と東アジア』山川出版社

(32) 増田修　一九八八「多胡碑の「羊」と羊太夫伝承」『市民の古代』一〇
筆者は本論文の執筆のため寛延元年説を唱える増田氏に問い合わせを行い、地方文書にしたがった年代であるとのご教示をいただいた。しかしその史料の所在は今のところ不明である。なお、群馬県内の郷土史家の間では「建立年は不明」が通説だが、建立者の子孫である間野村の人々の間では天保年間説が強い。

(33) 高橋道斎と沢田東江の尽力により『上毛多胡郡碑帖』が出版されたあと、安永三年(一七七四)に『誹諧多胡碑集』が編まれ、風雅の視点から多胡碑に注目があつまった。同年は、毛呂権蔵『上野国志』、泰亮『上毛伝説雑記』など、後世の郷土史研究に強い影響を与えた書物が相次いで編まれた年であるが、これらの書物のなかでも多胡碑や羊太夫伝説が大きく取り上げられている。

(34) もちろん、石碑の建立が寛延元年(一七四八)ならば、それ以後に編まれた『上毛多胡郡碑帖』を参照していなくても当然である。しかしその場合も、彼らは誤ったままの記念碑を直さず祀り続けたことになる。

(35) 先祖祭りは、間野と隣接する矢が沢との共同で行われている。矢が沢にも多胡姓の家が多いため、共通の先祖である羊太夫を祀るのである。しかし最近は、両村の他姓の人々もこれに加わり、姓氏にかかわらず一年交代でかわるがわる世話人を出している。本来は一族だけの行事だったものが、今では村を超えた地域のお祭りとなり、にぎやかに営まれるのである。

(36) 群馬県立文書館のマイクロフィルムによる。

(37) 萩原鐐太郎は、碓氷社の経営で知られる著名な地方名望家でもある。

(38) しかしこれは先に触れた間野の先祖祭りと同じく、拓本が各戸で入手可能になって以降の習俗ではないだろうか。

(39) 一部の「羊太夫物語」では、羊太夫は毒を使い、官軍を大いになやませる。しかし『多胡羊太夫由来記』に毒の描写はない。より文芸的潤色の多い『多胡羊太夫実録』などの影響を受けた語りである。

(40) 壬申地券地引絵図は、群馬県立文書館のマイクロフィルムによる。

(41) 佐藤(雲外)前掲報告

(42) ④については機会を改め別稿で論じることにする。

(43) 「むかし当国多胡郡の領主小幡羊太夫宗勝の父は天津児屋根の苗裔母ハ天よりあまくだる美人なり夫婦の仲にこなき事をなけき□人の持来たりし千手観音の宝前におひて世継を祈られし所に父の夢にひつじくだりて□人のむねに入るとみて持統天皇九年未年未日未刻に男子誕生ありしゆへ羊太夫となづけられ(以下略)」『上野国多胡郡八束山千手観音略縁起』

(44) 年代の問題はこれとは別のものもあり、③左側面下の台座には「応永元屋敷開闢住居」とある。多胡氏の先祖がここに村を開いた年を示しているのだろうか。しかし、多胡家の墓地の「先祖の墓」には、貞享元年とあり、時代がかけ離れている。また④に刻まれた年号も何を表すのかわからない。この問題については別の論文で詳しく論じることにしたい。

(45) 里見村誌編纂委員会　一九六〇「芸能娯楽・伝説・口碑」『里見村誌』八四八頁

(46) 筆者とともに石碑の調査を行った久保康顕氏、そして、多胡碑記念館の学芸員である和田健一氏からも同様のご指摘をいただいた。

(47) 筆者が新たに発見したものだが、本資料の所在などについては機会を改めて学界に公表する予定である。

藁の大人形祭祀における記念行為と祭祀の変遷
――新潟県東蒲原郡阿賀町大牧のショウキサマの奉納物――

石本　敏也

はじめに

路傍にたたずむお堂の内をのぞいてみると、多くの奉納物が目にとまる。小さな旗や折鶴、手製の布飾りや五円玉で作製した鳥居を入れた額など、様々な奉納物が参拝者個々の様々な祈願をのせて納められている。それらは多く実名や参拝した年月日、祈願内容が記述され、信仰対象物を飾るように堂内にすきまなく納められていく。

本稿は、このうち奉納された旗を主な事例として、その記念化とその後の変遷について述べていくものである。本稿ではこうした奉納物の把握のために、祭祀者が語る奉納物の言説も視野に入れていく。つまり奉納実態に加え、奉納物の言説も視野に入れながら奉納行為の変遷とその後の考察を試みるものである。事例は、新潟県東蒲原郡阿賀町大牧《おおまき》のショウキサマ祭祀の堂内の奉納物である。(1)

一　大牧のショウキサマ祭祀の実態

本稿で対象とする地域は、新潟県東蒲原郡阿賀町大牧であり、東蒲原郡を貫流する阿賀野川沿いの集落である。この大牧の藁の大人形を作製するショウキサマ祭祀は、近隣地域や研究上著名な祭祀であり、多くの参拝者・研究者が訪れている。最初に、このショウキサマ祭祀の概略を述べておく。新潟県東蒲原郡阿賀町は福島県との県境にあり、大牧はそのなかでも旧津川町に位置する集落である。ショウキサマと呼ぶ藁の大人形祭祀については、東蒲原郡を流れる阿賀野川流域に認められ、郡内で祭祀を現存しているのは、熊渡《くまわたり》・武須沢入《ぶすざわいり》・平瀬《ひょうぜ》・夏渡戸《なつわど》を加えた五地域である。

このなかでも大牧のショウキサマ祭祀は巨大な藁の大人形を作製する地域として知られ、当祭祀保存会所持資料によれば「津川町の西口に大牧という地区があります。かの鍾馗(しょうき)の里として知られた戸数三十未満の集落です」として、大牧の一つの象徴としても位置づけられている[2]。

この祭日は例年三月二日、集落内にある公民館にて巨大な藁の大人形を作製し、ムラ境にある鍾馗神社の堂内に安置するものである(写真1・2)。続けて、三月八日がお祭りとされ、集落の人は二日はツクリ、八日をマツリ、と呼び分けてもいる。祭祀は、昭和五十四年まで集落のカミに位置する四軒の家でのみ回り番で祭祀を行っていたが、その後、過疎高齢化が進み四軒だけでは継承が難しいとして、集落全体で引き受けるかたちとなった。

二日は多くの参拝者が訪れ、かつては病直しの藁を持参する人も多かった。これは、自分の直してほしい箇所を書いた藁を奉納し、腕なら藁の大人形の腕に、足なら大人形の足に持参した藁を埋めてもらうことで病直しを祈願する

写真１　ショウキサマ堂内(背面に見えるのが奉納旗である)

写真２　堂内の奉納物(五円玉で作製された額や千羽鶴もみえる)

写真１・２ともに撮影者加工

ものである。こうした藁を詰めながら公民館で作製されたショウキサマは、完成後、集落を縦断するようにムラ外れの鍾馗神社へ向かう。この鍾馗神社はかつてのムラの入り口であり、小高い丘の上に立っている。人々はこのお堂内に新しく作製したショウキサマを納め、代わりに古いショウキサマをお堂裏に形を崩し納める。最後にカタナカケと呼ぶ鍾馗神社前の道にシメナワを張り渡す行事を行い、二日の行事は終了となる。

三月二日の祭日には集落の人々は参拝者の応対に専念し、集落の祭祀としては三月八日に行っていた。八日は朝早くから当番の人がお堂に詰め参拝者への応対をしていたが、近年では集落の高齢化が進み、お堂までストーブや荷物を持ってのぼることが難しくなり、公民館にて待機することとなっている。また、夜は集落内で飲食を行い親睦を深める場となっていたが、これも現在は休みとしている。

この藁の大人形は、従来の研究上では「人形道祖神」として位置づけられているが(3)、大牧では年初における厄祓いの行事としての色合いが濃い。古い大人形の処理は必ず形を崩すものであり、またショウキサマは燃やしても流してもいけない、とする言い伝えが強く残り、その一回性を強く意識している。それゆえ、ショウキサマのお札でさえ燃やしたりはせず、必ず一年前のショウキサマを納めた場所に納める形をとる(4)。

こうしたショウキサマ祭祀であるが、この堂内には多くの奉納物を認めることができる。特に多いのが、この大人形の周囲に奉納する旗である(5)。この旗は市販してはおらず、個々人が自宅で作製し持参し奉納するものであり、大体が長方形のサラシで作製され「鍾馗大明神」という墨書と、参拝期日や願主などの若干の記述が含まれる。なかには、祈願内容をもつものもある。

以上の概要を踏まえ、次にこの堂内の奉納物の悉皆調査を行ったものから考えてみたい。

二　堂内の奉納物

種々の奉納物が納められるショウキサマのお堂であるが、このお堂は三度建て替えられている。最初のお堂は、かなり古いもので、いつ建立されたか定かではない。お堂のすぐ後ろに巨大な木があり、お堂の背面を一部除き、そこから縄を通しショウキサマを直接大木に縛り祀っていた。ところが、このお堂は火事にあい焼失してしまった。そこで先のショウキサマのトウマエである四軒の家によって寄付金が募られ、お堂が再建された。場所は同じながら、今度は、堂内に心棒を備えそこに縛り付ける形態にしてショウキサマを設置した。しかし、やがてお堂へ向かう階段が急で危険とする声があり、特定のトウマエからムラ全体へ祭祀者が変更することを契機に、もう少し上の場所に新しくお堂を建立し現在に至る。三度目の建立は昭和五十年代のことである。そして、このとき古い堂内にあった旗はすべて繋ぎ合わせて袋にしたという。本稿で調査した堂内の奉納物は、これ以降のものとなる。

表1は調査時における堂内の奉納物一覧を示したものである。総数でいえば、旗が一五八本、奉納額が一二点、千羽鶴（折り鶴）が一六点、奉納幕が五点を認めることができた(6)。このなか、もっとも奉納数が多く、かつ情報を多くもつのが奉納された旗である。そこで以降この旗を中心に報告したい。

まずこの奉納旗であるが、奉納すると病気が平癒する、身体が丈夫になるとして納めるものとされる(7)。多くが長さ大体六尺位のサラシでできており、旗上部には櫛形とも呼ぶ木製の枠が付く。この木製の枠には、お堂につり下げるための麻縄が付く。そしてこの奉納

表1　堂内の奉納物一覧

奉納物	奉納数
奉納旗	158本
奉納額	12点
千羽鶴	16点
奉納幕	5点

する旗は先述したように市販されているものではなく、全て手作りのものである。大牧に住む毎年納める人の話では、三月八日の祭りの日の前日に奉納旗を作製する。この旗には墨で文字を書く。その内容は、大きくまとめれば、参拝年月日・参拝者名・住所・年齢、であり、これに場合により祈願内容を加えた、五項目である（表2）。以上を踏まえ以降では、この五項目に沿って奉納幟の概要をみていく。

まず、奉納年月日の記載のあるものは、一五八本中一四一本で、昭和五十年（一九七五）から調査時の平成十三年（二〇〇一）までの二十七年間を認めることができた。これはだいたいお堂の建て替えの時期と重なる。

次に参拝者名については、一五八本中一五八本、つまり全てに記載されていた。三番目の住所については、一五八本中一〇八本に記載がされていた。四番目の参拝者の年齢については、一五八本中五二本に記載がみえ、このほかに生年を記載したものが三本認められた。最後に、祈願内容については、一五八本中七本のみ認められた。

以上をまとめてみると、奉納された旗には、参拝年・参拝者名はほとんどの旗に確認でき、ついで、参拝期日もほとんどに記載されていることが確認できる。あわせて、住所も多くに認められる反面、祈願内容がほとんど認められない点が特徴として把握できよう。

表2　ショウキサマの奉納旗（全158本）記載概要

記載内容	本　数
奉納年月日	141本
参拝者名	158本
住所	108本
年齢	52本
祈願内容	7本

三　参拝法の変化

前節では奉納物のうち奉納旗が最も多いこと、そして五項目の内容に整理でき、その概要を押さえた。この点について本節では奉納旗をもとに、一つ一つ把握してみたい。最初に、住所から、どういった人々が参拝に訪れているのか把握していきたい。住所の記載のあった一〇八本のうち、集落内が二一本、集落外が八七本と、大半が集落外の参拝者のものであることがわかる。具体的には、新潟県内が七四本、新潟県外が一三本、そして「当村」とかかれた大牧の例が二一本である。なお奉納旗の設置状態や他の記載からの推測で、住所記載がない三本がおそらく当村と推測できるので、計二四本が大牧の人々の旗ということになる。

いずれにせよ、集落内が二一本に対し、それ以外が八七本であるので、奉納旗のほとんどが大牧以外の参拝者の手によるものであることがわかる。それは大牧のショウキサマ祭祀が阿賀野川流域全般に広い信仰圏をもつものとして位置づけてよいことを示す。これよりまず、ショウキサマ祭祀が集落で完結するものではなく、外部に開かれた信仰であることを確認できる。

では、こうした人々の参拝はどのように把握できるだろうか。そこで次に明確に年月日が記述されている一四一本の旗に絞り、まず奉納期日から考えてみたい。

表3は奉納旗が納められた年月日を、便宜的に昭和期と平成期に分けて整理したものである。ここで興味深いのは、祭日月である三月以外の奉納旗の割合である（表3A）。昭和期では、七

表3　年月日記載奉納旗の内容

	A 3月（祭日月）以外	B 参拝1回奉納者	C 年齢記載
昭和50年～63年　75本/141本	40本（53%）	45名（60%）	14本（19%）
平成元年～13年　66本/141本	6本（ 9%）	15名（23%）	32本（48%）

五本中四〇本という約半数が、三月以外の期日に納められていることがわかる。これは先に指摘したその時々の祈願に応えるものとして参拝されていることを伺わせる。ところが、平成期に入ると三月以外の奉納が六本と激減し、割合でいっても九%しか認められない。昭和期と平成期に顕現するこの差はどのように考えれば良いだろうか。

表4　奉納回数

回数	人数
1回	60名
2回	10名
3回	4名
4回	3名
5回	1名
7回	1名
20回	1名

そこで、次に祈願者自身について同様の傾向が認められるのかみていきたい。まず奉納者はどれくらい参拝に訪れているのか。表4を見ていただければわかるように、奉納年月日のわかる一四一本のうち一回だけの参拝者は六〇名、複数回訪れた参拝者は二回以降の合計で二〇名となる。この数字が示すように、複数回訪れる参拝者が決して少なくないことがわかる。具体的には最大の例として、当村の人の例で二〇回を数えることができ、次に多いのが、近隣地域である津川町からの奉納者で七回と五回の、一例ずつ認められる。

ここで一回だけ奉納した六〇名について、年代を把握したい。表3Bが、参拝一回の奉納者数を昭和期と平成期に分けたものである。ここでも確認できるのが、昭和期と平成期の変化である。つまり昭和期では期日のわかる奉納旗七五本のうち四五名が一回のみの奉納者であり、実に六割を占めることがわかる。他方、平成期では六六本納められた奉納旗のうち、一回のみの奉納者は一五名、割合は約二割となる。すなわち、平成期からは複数回納める参拝者が増大するのである。

以上の点から、昭和期における参拝が平成期以降、何らかの事情で変化したことが予測できる。そしてこの傾向は、個人の事例からも裏付けられる。先述した、個人で二〇回納めている例があるが、この例は昭和五十一年から平成十三年までほぼ毎年納めているものである。この人の奉納期日をみてみると、まず昭和五十九年までは「四月吉日」

「四月八日」「五月一日」「九月吉日」であり、昭和六十年以降は、全てが「三月八日」の奉納となっている。

視点を変えて年に区切って確認しても同様の傾向が確かめられる。奉納旗が多く納められた年は平成四年と昭和五十四年で、この二つの年は全八本の奉納旗を認めることができる。この八本を比較してみると、昭和五十四年は、三月が二本、七月が二本、九月が一本、十一月が一本、「吉日」とのみ示しているのが一本と、奉納期日が幅広く認められるのが、平成四年では、八本中、三月が七本、記載無しが一本と、ほぼ全てが三月での奉納であった。やはりここでも、昭和期と平成期では大きな変化が認められる。以上より、全体の流れとしても、また個人の奉納からも、さらに年ごとの比較においても、昭和期では参拝期日に一貫性が認められないが、平成期には祭日に集中することが認められるのである。

この複数回納め、そして祭日に集中する参拝法とは何だろうか。ここには、それまでの祈願があっての参拝から、平成期以降は別のかたちの参拝が出現してきたと考えられる。ここで提示したいのは、ショウキサマ祭祀の祭祀集団の変化である。

先述したように、もともとは大牧の四軒の家々によってのみ祀られていた祭礼が、昭和五十五年に過疎高齢化への対応として集落全体の祭祀へと変化した。この時、大牧は保存会を作り、三月二日にショウキサマを製作できるよう会館を建て替え、御札用の印刷機を設置し、さらにそれまでなかった鍾馗のお姿入りのテレホンカードや土産手拭・鍾馗人形・御神酒などを当日販売するなどして二日を盛り上げていった。もともとは藁をおさめ病気の治癒を祈願する日であったツクリの日が、こうしてショウキサマ祭礼の日として強く位置づけられていく。特にそれまでなかった土産物の販売が象徴的なように、ここでみえるのは、いわゆる参拝記念とされる参拝の記念化である。つまり祭祀の集落化は、祈願を主とする参拝から、参拝を記念する行為へと大きな変化を促したと考えられるのである。

奉納旗から見る参拝法の変化は、この祭祀主体の変化をそのまま反映するものと考えられる。先述したように、奉納旗はもともと祈願を込めて自身で作製し持参するものである。しかし、それは祭祀の集落化と祭日への集中化を経て、奉納がその年に納めるという記念となり、それは特別な祈願がなくても複数回納められるものとなるのである。なお、祭祀者が変化した昭和五十五年直後にその変化がみられず、平成期からみられる理由は、この変化が徐々に浸透していったことが考えられる。当時の区長によれば、祭祀をする側も受ける側も大変で、この時ほど永年の歴史の重みを感じたことはない、というものであった。昭和五十五年当時は、まだまだ祭祀の集落化が十分に進んでいなかったのであろう。しかしながらこうした活動はゆっくりと着実に浸透していったと考えられる。「昭和六十三年三月吉日」と記された奉納幕が「阿賀の郷テレホンカード友の会」より納められていることは、その浸透を推測させるものである。テレホンカードという参拝の土産物を供給する団体により祭日に納められたこの大幕が示すように、おそらくこの時期あたりから、祭祀の方向性が集落の総意として進められ、並行して大牧は「鍾馗の里」として周囲に認知されていったのではないか。すなわち奉納旗の変化は、こうしたショウキサマ祭祀の集落化を反映し、参拝の記念化をも示すものであったと考えられる。

この参拝の記念化について、もう一つ考えられるのが、旗に記された年齢である。年齢が記されているのは、一五八本中五二本で、このなかには、一歳や三歳などの祝いや、七十七歳・八十歳・八十八歳などの年祝いの例も認められた。しかし、全体として一歳から九十二歳まで幅広く認められ、全てがその年齢に祝いとしての意味を重ねているとは言いがたい。また、ショウキサマ祭祀は厄祓いの要素を色濃くもつが、女性の厄年の十九歳の例はなく、女性の三十三歳、男性の四十二歳はそれぞれ一例のみであり、奉納旗が全て厄年の奉納とも言い切れない。

ではなぜ参拝する人々はその年齢を旗にわざわざ記すのか。表3Cは、その年齢の記載を昭和期と平成期にわけてまとめたものである。この表が示すように、昭和期が七五本中一四本で、割合は一九％であったのに対し、平成期に入ると六六本中三二本と、実に半数近くに達している。この点は、期日と合わせて、その日この年齢で参拝したことを記す、より記念行為に近い感覚を読み取ることができないか。

以上、昭和後期から平成期にかけて、ショウキサマ祭祀の主体の変遷を反映して、奉納旗の位置づけが変遷していく様子をみてきた。それは、祈願を込めて持参するものから、自身の足跡を残す参拝記念化への移行である。そのように考えると、集落内からの奉納旗がほとんどなく、集落外からが多い理由もわかる。遠方から訪れる故に、その足跡を残そうとする行為とも考えられるのである。

こうした行為は、由谷裕哉氏が聖地巡礼を事例に指摘した「巡礼者が作品に関連する寺社に絵馬を奉納したり、巡礼ノートに記帳したりすることは、聖地を訪れた自分を当該地において記念したいという自己言及的な記念行為」と近いところにあると考えられる(8)。これまでみてきたよう、名前に加えて期日・年齢の記載は、自身がこの日にこの場所に来たことを刻印する意味をもっているのではないだろうか。こうした点からも、参拝法の変化は、参拝の記念行為化を含むものであることを改めて確認できるのである。

四　奉納旗の住所とその言説

前節では祈願を帯びた奉納物であった旗が、集落の祭祀化を経て、個人の参拝記念化へと位置づけが変わっていくことを見た。そしてこうして納められた旗は、さらにその後、その位置づけを変えていく例がある。最後にこの記念行為を含んだ奉納物のその後について考えたい。大牧では次のような言説がある。

ショウキサマのおかげで、このムラから戦死者は出なかったと言う。またこんな話がある。戦場で年取った白い年寄りが出てきて本隊の所まで背負ってくれた。誰と尋ねると「俺は大牧のショウキだ」と言って消えてしまったと言う。その東京の人があげた旗が今でもある。

前半が大牧からの出征者の無事の帰還を示すものであり、後半はそのショウキサマの力が大牧以外の人にも及んでいることを示すものである。この「東京の人」に関しては、地名がない事例もあるが他に「世田谷の人」という例もあり、これらの地名は大牧では多く聞くことができるものである。

これまで多く注目されてきたのが、この言説の前半にある戦の神としてのショウキサマについてである。大牧のショウキサマについては、先述の病直しの神をはじめ、奉納額や千羽鶴などにある家内安全・安産の神など、多くの信仰が付随しているが、もっとも著名なものは、この戦の神としての信仰であろう。甲冑や弓矢を持ったその造形から、東蒲原郡の現存するショウキサマには、もともと戦の神として、全ての地域で戦時中信仰されていたことが報告されており、なかでも大牧のショウキサマは多くの信仰を集めていたとされる(9)。

戦時中、大牧近隣の人々の多くは、大牧のショウキサマと、大牧とは阿賀野川の対岸に位置する西の八幡様に、毎日のように参拝を行っていたという。公民館を兼ねる大牧会館に現在なお残るショウキサマの面には、戦時中必勝祈願を書き込んだ面も残されている。そしてこれらの信仰の多くは、戦地からの無事の帰還を願うものであった。

こうした信仰は、大牧に限らず、郡内で同じショウキサマ祭祀を行う熊渡・武須沢入・平瀬・夏渡戸など他の四地域でも認められるものである。たとえば熊渡では、熊渡出身の船頭がショウキサマを祀っている場所へ道案内をお願いされたという話がある。それは、道案内をお願いした人は、戦争で生死の境をさ迷っていたころ、髭面の男が現れて安全な所に運んでくれた、その男は「俺は熊渡のショウキサマだ」と言ったそうで、そのお礼に来た、というものである。この髭面の男という話は、武須沢入では、第二次世界大戦の点呼において髭面の大男が現れたという噂が流れ、それはきっとショウキサマであり、ショウキサマが戦争に行ったとして勝利が確定的になった、という話として伝えられている。このショウキサマが戦地に行った、という話は大牧でも認められる。

戦地からの無事の帰還を示す霊験譚は、ショウキサマに限らずより広く全国的に認められるものであろう。たとえば同じ阿賀町の津川に残る百万遍帳には、明治二十八年の日清戦争の折に出征した同町出身の人名が記された後、「諸氏異状ナシ是百万遍ノ徳ナリ」として讃えられている。(10) こうした一般的な戦の神としての信仰を集めた大牧のショウキサマは、その後こうした信仰から敷衍し、合格祈願や必勝祈願に転化したと考えられる。たとえば堂内には昭和六十一年・平成九年にみえる合格祈願や、平成八年頃の旗と考えられる「第64回選抜(引用者註：高校野球大会)出場必勝祈願」などにも関連して受け継がれていったものと考えられる。

このように、ショウキサマを戦の神・勝利の神として参拝する例は古くより認められ、また研究者からも注目されてきた。ただし本章で注目したいのは、先の言説後半の「東京の人があげた旗が今でもある」というものである。ここには少し立ち止まって考えてみたい内容が含まれている。

まず重視したいのは、この後半部は言説の霊威の証拠の部分にあたり、その部分に奉納旗が選ばれている点である。そしてこの霊威の証拠の話には、奉納旗以外の証拠物の事例を聞くことができない。つまり、大牧においてもっとも好んで話されたのが奉納旗を納める話であり、そこには奉納旗でなければならない必然性が認められる。

そこでこの点について考える際、もう一つ語られている「東京の人」、または「世田谷の人」という住所から考えていきたい。先述したように住所記載の旗は一〇八本あり、集落外は八七本である。このうち、関東圏を示す旗は一一本であり、東京の住所を示す旗は、昭和五十三年九月十五日、昭和五十六年六月吉日、昭和六十一年に納められた三本であり、うち世田谷の住所を記した旗は最後の昭和六十一年の一本である。つまりこのわずか三本がこうしてショウキサマの言説として広く話されていることに留意したい。

そこで次にこの三本がどのような経緯で納められたのか、奉納された旗から可能な限り推測を行ってみたい。関東圏からの奉納である一一本のうち、神奈川県からの参拝者が七本と多く、かつ複数回旗を納めている。なかには、ここで注目する世田谷の住所と同一年の奉納を認められるものもある。そこでこの神奈川県の参拝者の例を中心にみていきたい。

まず、昭和五十四年七月十九日の同一日に神奈川県の住所がある二名が奉納している。期日が祭日以外であること、また同日の奉納ということから、おそらくこの二名は同行と考えられる。翌昭和五十五年は十二月一日に、先の二名とは別に、神奈川県より一名の奉納がある。この旗には「南無鍾馗大明神　全快御礼」の文字がある。この「南無鍾馗大明神」という記述は、一五八本ある旗の中でも三本のみ認められ、それは全て先の二名も含めた神奈川県からの参拝者である。またこの奉納旗には「全快御礼」とあることから、この参拝者の名前は初めてながら、それ以前に関連した人が参拝したことを予想させ、こうした点から昭和五十五年の参拝者は前二者との何らかの関連があるものと考えられる。

翌昭和五十六年には最初の二名のうちの一名が十月九日に再び奉納しており、昭和五十七年に最初の二名のうちのもう一人と同じ住所の人の奉納がある。続けて、昭和六十一年には先の一人が今度は東京都世田谷区の参拝者とともに奉納している。ここに世田谷の住所の旗が登場する。これは期日が明記されていないので同行かどうかは確かではないながら、双方ともに鉛筆書きで「昭和六十一年」とあり、また奉納された旗の張られている場所も近いので同行と考えてよいだろう。つまり、言説で述べられていた可能性の高い世田谷の住所の入った旗は、数回訪れている神奈川の方と連れだって訪れている可能性がある。

これよりまず、神奈川県からの参拝者は四名認められるが、それは当初の二名を中心として何らかの関連を持って参拝していたことが推測でき、そしてこの人々に関連して世田谷の住所の記載の入った旗が確認できる。おそらく世田谷の住所をもつ旗は、祭祀を知っている人の媒介を経て納められた可能性が高い。では、こうした遠方からの参拝は、そもそもどのような契機を得てその信仰を知ったのか。再度遠方の参拝をみると、その手がかりとなる奉納がある。

昭和五十三年九月同日の奉納に、同姓の二名の奉納旗が認められる。期日も同じで、かつ姓も同じため同行のものと考えられるが、記載された住所は、一人が東京都であり、もう一人が阿賀野川流域の福島県である。この事例は、阿賀野川流域の参拝者と、転出等した子どもあるいは縁者という関係による参拝があることを示している。つまり遠方の参拝者の存在は、当該地域に根付いていた信仰を知っていた人が転出し、転出先でその信仰を口にし、そして連れだって参拝に来たことを考えさせる。

以上よりまず、東京、もしくは世田谷の住所の入った旗は、おそらく大牧近隣の縁者か関係のある人からショウキサマ祭祀を聞き、参拝した人により納められたことが推測できる。

以上を踏まえ次に、大牧の人々にとって奉納された旗はどのようにみられているのか、確認してみたい。奉納旗の住所であるが、集落外八七本の内、東蒲原郡内の住所を示す旗は五四本である。このなかには、親戚や知り合いの人々も多い。たとえば、大牧の一人に今回調べた奉納者の名前を読み上げ尋ねてみると、期日のわかる旗に記載された八一名中三一名が親戚ないし知り合いであった。さらに、旗について説明も加えることもある。たとえば、昭和五十四年に東蒲原郡の上川村の人が納めたもので、名前が願主と別にもう一人記載されている旗がある。この旗に二名の名前があるのは実は、一人が上川村の願主で、もう一人がこの地の出身である相撲取りの名前であり、その勝利を当地の人が祈願したものであった。そしてこのことを教えてくれたのは、大牧の人なのである。このように、大牧の人々にとって奉納旗にある奉納者については既知のものが多く、それ故にか、旗について説明できるほど奉納旗をよく見ていることが確認できる。すなわち奉納旗とは、大牧の人々にとっては他に説明ができるほど、もっともなじみ深い外部であったといえる。

以上を踏まえて、改めて先のショウキサマの言説を考えたい。先述したように東京の住所をもつ旗に記載された奉納期日は、昭和五十三年九月十五日と昭和五十六年六月吉日であり、世田谷の住所をもつ旗は、昭和六十一年である。もちろん戦の神としての言説はこれより古くからあるので、ここに奉納旗の言説が結びつくのは昭和五十三年以降、世田谷の住所が述べられる言説に至っては、早くても昭和六十一年以降であることが推定できる。

この昭和五十三年~六十一年という時期は、.ちょうど四軒のトウマエの祭祀から集落の祭祀へと移行している時期である。特に、世田谷の住所を持つ旗が奉納された昭和六十一年は、その二年後の昭和六十三年に参拝の土産物のテレホンカードと縁が深い「阿賀の郷テレホンカード友の会」が幕を奉納することから、集落祭祀がようやく定着してきたと考えられる時期である。また、このとき同行と考えられる神奈川県の参拝者は四回目の参詣となっている。先にみたように、この繰り返し奉納する行為には単なる祈願に留まらず、参拝記念としての意味合いが強い。つまりまさにこれらの旗はショウキサマ祭祀が集落主体で進み、祭祀が一つの参拝記念と移行しつつある時期での奉納であったことがわかる。これを踏まえれば先の言説はこうした外部を意識した祭祀の集落化以降に語られた可能性が高く、それは祭祀の参拝記念化への移行を反映した言説であることを示唆するものとなる。

奉納旗は、大牧の人々にとってなじみ深い外部の位置にあり、また集落外からの参拝者にその説明ができるほど関心を高く持っていたものであった。なかでも東京や世田谷の住所をもつ奉納旗は、動かぬ証拠としてショウキサマの霊威が大牧以外の外部にも及ぶことを参拝者に示しやすく、その特徴は、参拝記念として土産物などを用意し集落をあげてショウキサマ祭祀をより外部に開いていこうとする当時の状況に、ふさわしいものであったと考えられる。つまりショウキサマ祭祀が集落化し大牧が「鍾馗の里」としてより外部との接点を求めていた時期に、人々にとって最も脳裏に浮かびやすくかつ霊威の最適な証拠物であったのが、このショウキサマへの奉納旗だったのではないか。即ち記念行為となった奉納旗は、今度はそれを注視する集落の人々により祭祀対象の霊威を高める言説へと活用されるのである。

「その東京の人があげた旗が今でもある」とは、戦の神としてのショウキサマの言説の、単なる霊威の補強を示す付け足しのように思われるものである。しかし、実際の奉納旗そのものの実態把握を通せば、むしろこの言説は大牧で進められたショウキサマ祭祀の参拝記念化を如実に反映する事例として改めて位置づけられる。特に世田谷の住所をもつ奉納旗が顕著なように、ある意味、個人の記念行為を含んで納められたその旗が、その後、そこに記載された住所を元にして既存の言説と結びつき、再び集落祭祀へと還元していく事例としても考えられるのである。

以上を把握したうえで最後に、視点を内側に向け大牧の人々自身の奉納旗への位置づけについて確認しておきたい。奉納旗は外部だけでなく、大牧の人もまた納めているものである。少ない例ながら集落内で毎年繰り返し奉納される奉納旗には、どのような位置づけがなされているのだろうか。

大牧の人で一例のみ、二〇回を超えて例年納めている方がいる。先に確認したように、昭和五十一年から五十九年までは三月以外の奉納であり、それ以降は三月での奉納に統一される。この人の旗を奉納する契機は、自身の病気平癒祈願で始めたものという。しかし、例年納めるようになり、単なる祈願とは別の位置づけへと移行していった。

この人によれば、まず旗を奉納すると「ほっとする」と言う。そして自身が毎年納めた旗が堂内に並んでいると「うれしい」ものであるとも言う。これは去年も今年も無事納められた、ということでもあり、今年も元気でいられるな、という気持ちが沸くものだからである。反対に、納められないと「さみしい」ものとなる。自身でも納められなかった年が数回あるが、それは参拝者が何らかの意味で納められなくなったものであり、年をとったのか、元気でいられないのか、という意味をも含むものとなる。

こうした点からは、この人が行う現在の旗の奉納行為は、やはり祈願の領域とは異なる位置にあることが認められる。この人は、名前・住所・奉納月日は必ず記載している。そして奉納日にそれらが並ぶ様を眺めることが奉納者の「うれしい」や「さみしい」という感情を喚起するものにもなっていく。ここからは、この人にとって奉納旗が当初あった病気平癒の祈願から離れ、過去と現在の自分の無事を小さくお祝いする行為へとつながっていることが把握できる。祭祀の集落化・記念化は、大牧の人々自身の奉納行為をもまた、移行させている良い例と言えるだろう。

以上、新潟県東蒲原郡阿賀町大牧のショウキサマ祭祀における奉納旗が、祭祀の集落化を契機にその位置づけが変遷していく様態を確認してきた。もともと、祈願がある時に納めるものであった奉納旗は、その祭祀の集落化を機に、やがて祭日に参加した参拝記念という性格をも帯び、さらにその記念行為は地域の言説に結びつき、再び集落の祭祀へと還元していくのである。そしてその移行は、例年納める人にとっては、それは今年も無事納められたという積み重ねた時間を確認するものにもなっていく。ショウキサマ祭祀とは、大牧自身が「鍾馗の里」と表現する当該集落の一つの象徴である。本稿では、その祭祀にて納められた奉納物を事例に、その記念化とその後の活用について考察したものである。

おわりに

本稿は、祈願から参拝記念の意味へ移行した奉納旗が、奉納後、地域の言説と結びつき、記念行為を含んだ集落祭祀へ移行する様態を明らかにしたものである。もともとこの奉納旗は、祈願がある時々に奉納されるものであった。しかしながら昭和五十五年の祭祀の集落化により、祭祀は集落外からの参拝者を強く意識した参拝記念化が進められる。ここに、参拝記念に移行した奉納旗が登場し、さらに納められた遠方の住所をもつ奉納旗は、大牧の言説と結びつきショウキサマ祭祀の霊威の説明へと還元されていく。さらに参拝記念化した奉納旗は大牧の人々自身の参拝行為に影響を与え、ショウキサマ祭祀は記念行為を含み込んだ集落祭祀として継承されていくのである。

以上本稿は、奉納旗とその旗に付随する言説を元に、記念行為の形成とそれを介した集落祭祀の継承を明らかにしたものである。

註

（1）本調査は、二〇〇一年八月に行い、その後何回か断続的に行った補足調査を加えたものである。
（2）ショウキサマ祭祀は平成十七年三月二十五日に、同じ藁の大人形祭祀のある、旧三川村熊渡、旧上川村部須沢入、旧鹿瀬町平瀬・夏渡戸と共に、新潟県無形民俗文化財（風俗慣習）に指定された。また、平成二十三年には「ショウキ祭りの集い」が阿賀町教育委員会主催で五地区により開催され、現在も外部に向けた対応を行っている。
（3）神野善治　一九九六『人形道祖神』白水社

（4）石本敏也　二〇〇〇「厄祓人形の「処理」に関する一考察」『日本民俗学』二二四号
（5）この旗については、市販されているものではなく、別に「幟」と呼ぶ人もおり、正式な名称はないようである。本稿では以降便宜的に「奉納旗」や「旗」として表記していく。
（6）なお、現在のお堂はこれらの奉納物を認めることはできない。平成二十二年頃、再度お堂内の奉納物の整理がなされたためである。このとき古くなった旗などはやはり焼却などはせず、お堂裏にあるショウキサマと同じ場所に一緒に納めた。
（7）なおこの奉納旗に関しては、祈願が叶うと持ち帰る人もいる。後述のように集落の人々の奉納が少ないのは、この理由によるものとも考えることができる。
（8）由谷裕哉　二〇一二「巡礼ノートから見たアニメ聖地巡礼　金沢市湯涌温泉における『花咲くいろは』巡礼ノートを例として」『小松短期大学地域創造研究所年報』三号
（9）森谷周野　一九四二「しょうきさま」『旅と伝説』通巻一七六号
ここには「お堂内は参拝者の奉納する幟でいっぱいである。しかもその奉納者は、近い市町村はもちろん、福島県、宮城県、遠くは東京都からの参拝者もかなり多い」（二七頁）とある。ただし奉納行為の位置づけは本稿で述べたものとは異なっている。
（10）東蒲原郡阿賀町津川の家に受け継がれている百万遍帳である。これについては別稿を予定している。

※本稿は、科学研究費基盤研究（C）「民俗文化の継承におけるコストとモチベーションに関する基礎的研究」（JP16K03229）の助成を受けたものである。

沖縄地域社会における歌碑と伝承

――琉球歌人の「恩納ナビ」伝承とその資源化を事例に――

及川　高

一　問題の所在

「琉歌《りゅうか》」とは沖縄本島及び本島周辺の離島、及び奄美群島に伝承された定型詩の様式である。「五・七・五・七・七」の音で歌われる和歌とは異なり、琉歌は「八・八・八・六」音から構成されるが、限定された形式で風景・心情を端的に表現する芸術である点では共通する。そうした中で最も大きな違いは、和歌が「詠まれる」ものであるのに対して、琉歌はしばしば節をつけて「歌われる」という点にある。すなわち琉球の古典民謡や歌謡の多くはこの八八八六音を踏襲しており、そのために琉歌の形式は沖縄の民俗芸能や儀礼・祭礼にたびたび姿を現してくる。琉歌の起源は明らかではないが、近世日本の「小唄調」に影響されたという説とともに、琉球の神謡である「おもろ」にルーツを求める説がある[仲宗根　一九八五：二八～四三]。定説というわけではないにせよ、琉歌の形式を沖縄の民俗信仰とともに発生したものとする見解は根強い。

ところで「短歌・俳句を詠む」趣味は現代人にとっても珍しいそれではない。だが琉歌については今日、趣味として嗜むこと、さらに自ら新たに創作することは稀となっている。その最たる理由は標準語が普及し、かつては「ウチナーグチ」、また最近では「島言葉《しまくとぅば》」という造語で呼ばれている在来の口語が衰退していることに求められよう。文化の保存運動として、八八八六音に現代の標準語歌詞を乗せてみるような試みもないわけではないが、少なくとも短歌・俳句に比べれば大衆文化としての裾野はまだまだ狭いと言わねばならない。この点で琉歌の形式はあくまでも種々の民俗芸能にともなう歌として命脈を保つ反面、アクチュアリティを具えた芸術表現ではなくなっているのが実情である。

本論が扱う恩納ナビ（ナベ・ナビーとも称される）はこの琉歌の女流歌人である。活躍年代は十八世紀に比定され、二五首が彼女の作になる琉歌として伝えられている。琉球史研究の泰斗である真境《まじき》名安興《なあんこう》が、かつて「女流歌人の双璧」の一人と評して以来、ナビの名は琉歌の歌人として必ず挙げられるそれとなった。しかしながら実は彼女については、その実在さえ定かではない。何となれば彼女の史料上の足跡はほぼ皆無であり、伝承される二五首についても全てが本当に彼女の作品であるかは異説がある[1]。結局のところ彼女が何年に生まれ、どのように生き、いつ死んだのかを伝える史料はなく、子孫や血縁だと称する人間もいないのである。

このような伝説性のため、たとえば琉球古典文学の研究者である池宮正治は『沖縄大百科事典』の彼女の項目を記すにあたり「封建制下にあって大らかに生きた女性像として民衆が共同してイメージした人物だろうと考えられる」と述べ、実在に否定的な見解を示している［池宮　一九八三：六三八］。彼女の存疑とはそれ自体が興味をそそる主題であるのみならず、「琉歌」という文学表現やその担い手の問題は、沖縄の近世社会史を考えていく上で多くの論点を含んでいるが、さしあたりそれらの掘り下げは別の機会を期したい。本論が以下に取り組みたいのは、このナビが生地である恩納の地域社会にいかに伝承され、かつそれが「歌碑」というモニュメントに表現されているかという問題である。

彼女の歌碑が建てられているのは、沖縄本島中部にある恩納村字恩納集落である。恩納集落は彼女が生まれ育った土地であるとされ、実は「恩納ナビ」という通称の「恩納」も、彼女が出自したこの地名から採られている。詳細は後述したいが歌碑は恩納集落内に二ヶ所あり、一つは戦前に、もう一つは戦後になって建てられた。この二つの歌碑に加え、彼女が生まれた土地の一角に「生誕の地」を示す碑があることから、現在、恩納にはナビにまつわる三つのモニュメントがあることになる。

本論がこれらの碑を事例として主に考えてみたいのは、沖縄の地域社会にとって「モニュメントを建てる」という記念行為にはいかなる意味があったのかという問題である。それというのも従来、沖縄の地域研究においてこれらの記念行為、あるいは顕彰行為は、専ら政治や資本との関わりにおいて問われてきた面が強い。それはたとえば、沖縄の領土的帰属やアイデンティティに対する「文化のポリティクス」の問題や、観光開発にともなう沖縄伝統文化の資源化といった、記念行為を一種の「地域に対する介入」として捉えていこうとする方向性を指している。翻ってそれらの記念行為に積極的に参与していくような沖縄地域社会の個別具体的文脈への関心は、意外に乏しかったと言わねばならない。

このような文脈に光を当てるべき背景として、戦後沖縄における一種の「ブーム」というべき歌碑の林立を挙げておこう。琉歌を刻んだモニュメントである歌碑は、現在、沖縄県全域に約四〇〇基建てられていると言われている。ただしそのうち前近代にまで遡るものはほぼ皆無であり、それらは基本的に近代以降に現れ、戦後になって数を急速に増している。それらには教育委員会や行政によって建てられたものも多少含まれるが、大半は有志によって設けられた、地域社会の自律的な記念行為として創られたモニュメントである。

このように歌碑は現代沖縄の地域文化の一断面を示すものと位置づけうるが、それにもかかわらずこれらの歌碑に関する研究となると、今のところ郷土史家による手堅い現地調査に見るべき成果があるにすぎない(2)。これは政治的モニュメントや地域文化の資源化、また最近では戦跡整備など、地域社会に対する介入としての記念行為に高い関心を寄せてきた沖縄地域研究の状況に対し、著しい落差を示しているといえよう。

こうした研究状況に対して、本論が見ていく恩納ナビの歌碑は、いわばその中間とでもいうべき事例である。それというのも恩納ナビという人物については現在、地域社会の自律的な記念行為とともに、行政や観光開発によって進められるシンボル化の動向が並行しているからである。すなわちナビは恩納村を象徴する人物として扱われ、ナビをイメージしたキャラクターのイラストが観光パンフレットなどに活用されるなど、地域の文化・歴史に対する介入的な動きが強まっているのである。詳細は次節に譲りたいが、本論は琉歌の歌碑建設というテーマを軸に、地域社会の自律的な記念行為と、その外部からの介入的な動きを具体的に見てゆきたい。その上で、沖縄の地域社会自身にとって記念行為がいかなる意味を持つのかを考察するとともに、それに対する観光開発の関係についても整理してみたい。

二　事例

1 フィールドの概要

国頭郡恩納村は沖縄本島中部の行政村である(図1)。県庁所在地で空港のある那覇から国道沿いに北上し約五〇キロメートルの距離で、高速道路を用いた場合は四十分ほど、一般道経由でも一時間強で到着する場所にある。恩納村は南西から北東にかけて細長く、両端の直線距離はおよそ二二キロメートルにも及ぶ。沖縄本島南部と「山原《やんばる》」と称される本島北部を接続する地勢にあって、恩納村に属する全一五集落のうち一四集落が西海岸に沿って点在している。

図１　恩納村位置

主要産業はかつては農業であったが、日本への復帰（一九七二年）を経て沖縄海洋国際博覧会（一九七五年～一九七六年）の開催以降は観光開発が加速し、国道沿線にはリゾートホテルが立ち並ぶようになった。このため生業構成の上では小売業やサービス業など、いわゆる第三次産業への就業者が増え続けているものの、ホテルの多くは日本本土の資本であるために[3]、地元出身者の就業率は際立って高いというほどのものではない。端的に言えば恩納の地域社会と観光開発は、空間を共有しつつも実際には見た目より没交渉な関係にある。

恩納の主な観光資源は海洋とビーチであり、海水浴客のほかダイバーやマリンスポーツの愛好家などを日本各地から受け入れている。公共交通のアクセスに制約があるものの、自動車等であれば那覇の繁華街からも足を運びやすく、海のレジャーを目的とした観光客に恩納村は根強い人気がある。近年では中国からの外国人観光客の増大やIターン者などの受け入れもあって、現在でも人口が少しずつ増え続けているものの、地域出身の若者の流出は続いている。それは前述の、観光開発と地域社会が連繋しておらず、必ずしも雇用の受け皿とはなっていない、という事情を反映している。

本論が扱う恩納集落（恩納村字恩納）は、その恩納村の中央からやや北寄りにある集落である。恩納村の行政上の中心であり、村役場もここに置かれている。現在の世帯数は約四百戸で、そこに一二〇〇人ほどが暮らしているなど、沖縄の集落ではかなり大きい方といえる。集落の成立年代は定かではないものの、近世には役人が滞在する番所が置かれるなど、早くから有力な村落であったようで、その起源は中世に遡りうるものと思われる。そうした中核性によって近世期には村落景観を確立していた分、逆に余剰となる土地が少なく、このため大型リゾートホテルなどが誘致されることはなかった。最寄りの大型リゾートホテルは東に隣接する太田集落の海浜にあり、後述する「ナビービーチ」を挟んで恩納の北東に建っている。太田集落は恩納集落からの分村で景観上も連続していることもあり、ホテルやビーチから恩納集落は徒歩圏にあるといえる。しかしながら実際のところ、観光客が恩納集落内を歩く姿はさほど目立つものではない。

例外的にただ一ヶ所、恩納集落内で観光客が絶えない場所が万座毛《まんざもう》である（写真1）。万座毛は集落北端にある海に突き出た高さ二〇メートルほどの崖で、沖縄の景勝地としてかねてより知られていた。崖の先には東シナ海が開けており、沖縄北部の名護市から伊江島までが一望できる。外国人観光客にも人気があり、二〇一六年（平成二十八）に筆者が訪ねた際にも見かける観光客の半数以上は中国人であった。万座毛の「毛《モー》」とは沖縄の言葉で広場を指す言葉であり、こうした毛では近世まで「毛遊び《モーアシビ》」が行われていた。モーアシビとは夕暮れ以降に若者たちがめいめいに集まって歌ったり踊ったりする、歌垣系の文化のことである。沖縄では若者組が近代以前には発達しなかった反面、こうした遊び《アシビ》が恋愛や男女交際の場となっていた。近世以前の恩納集落にとって万座毛とは、そのような毛＝広場であったと考えられる。

万座毛が今日のように観光地化されたのは、近代化によってそうしたアシビの習慣が抑圧され、失われていったことの結果でもある。現在は地元の女性たちによって土産物屋が出されるなど、そうした過去の面影は残されていない。そこで売られているものも、菓子類やキーホルダー・Tシャツなどといったよくある観光地の土産物が中心で、地域性は乏しい。そうした中で目を惹くのが、土産物屋のひさしに書かれた恩納ナビの琉歌である(写真2)。この歌は後述するように、歌碑に刻まれているのと同じ彼女の代表作である。

写真１　万座毛と観光客たち

写真２　万座毛の土産物屋

2 恩納ナビ

恩納集落にかつてナビが暮らしていたのは、十八世紀前半の尚敬《しょうけい》王(第十三代)時代か、もしくは十八世紀後半の尚穆《しょうぼく》王(第十四代)の時代と考えられている。しかしながらこの年代観は、実は彼女の代表作とされる次の琉歌からの推定でしかない。

波の声も止まれ
風の声も止まれ
首里天がなし
美御機拝ま

この歌の「波の声」「風の声」という対句表現にも見られるように、自然現象をダイナミックに織り込んだ作風は彼女の歌の特徴と評価されている。この三節目にある「首里天がなし」とは琉球国王の美称であり、続く四節目は「そのお顔を拝しましょう」と呼びかけるニュアンスとなる。つまりこの歌は大自然に向けて「止まれ」と歌い上げた後、琉球国王を称揚する句を継ぐ構成となっているのである。

話を戻せば、この歌は琉球国王が北部巡幸の道々で恩納に立ち寄った際にナビが詠んだものとされている。このため逆に「いつ国王が恩納に立ち寄ったか」という史料記録が、それ自体ははっきりしない彼女の活躍年代の指標として参照されるのである。このことから「在位中に恩納に立ち寄った記録のある国王」として尚敬王・尚穆王が見出され、そのいずれかの在位年代がナビの活動期に比定されるわけである。このような推定を重ねなければならないことからも分かるように、ナビに関する歴史史料は乏しく、ほぼ皆無というのが実情である。すなわち、いつ生まれ、どのような生涯を送り、いつどこで死んだのかといった事柄の多くが、今でも推測に留まっている。

しかしながら恩納集落においてはおおむね、ナビは実在の人物と考えられている。その一つの根拠が、「彼女の生家があった」と伝承されている土地があることである。その土地は恩納集落の中心付近に位置し、「マッコウ家《ヤ》」の屋号がある[4]。このためナビは「マッコウ家のナビ」とも呼ばれている。ただしその土地は現在では家屋の痕跡もなく、普通の野菜畑となっている。『恩納字誌』には大正初期まではその土地に藁葺きの小屋が建っており、遠い縁者によってナビが祀られていたという記述がある［字恩納自治会　二〇〇七：五一二］。しかしその後、土地・家屋が寄留人に転売された結果、家屋や仏具などが焼かれ、埋められるという憂き目に遭い、遺物そのほかはその時に失われたという。その後、土地のみが再び地元の人間に転売されて今に至っている。このような経緯もあり、恩納ナビの係累というべき人間は、集落の中に限らず一切残されていない。

『恩納字誌』には「マッコウ家」の隣家出身の女性が幼少期に耳にした話として、ナビは「晩年は一人暮らしで、おりおり海あさりをしていた」と聞いたことがある、との記載がある［同：五一二〜五一三］。時代性もありあくまでも伝聞であるが、ここにもあるようにナビを「生涯独身であった」もしくは「子孫を持たなかった」とする人物像は、恩納集落での聞き取りではしばしば見受けられる。伝承では「隣間切《まぎり》（隣村）である金武《きん》に恋人がいた」というものや、「馬車引きと結婚したらしい」といったものがある。ただ、これらもナビに金武の方に向けたと思しき恋歌があることなどからの類推で、確たる裏づけがあるわけではない。ただ伝承の上でも、彼女に連なる血は絶えているということが共通認識となっていることを強調しておきたい。

ナビの遺骨は死後、集落の共同墓に納められたとされている。この共同墓の慣習については沖縄の葬墓制史上の位

写真3　「ナビの墓」とされる共同墓

置づけの問題もあり詳細は別稿を期したいが、いわゆる亀甲墓によって知られる沖縄の同族団祭祀とは別に、恩納には「組」や「模合」で共同墓を設ける習慣が行われていた〔同：五一三〕。この習慣は近代に同族団祭祀が主流となっていく中で衰退していったが、このことは恩納集落の場合、子孫のない者は「無縁墓」に祀るといった習慣として形を残している。そしてナビが死後納められたのはこのような共同墓の一つであるという。このような認識は、彼女の晩年が孤独であったという伝承とも整合している。

二〇一六年（平成二十八）夏の現地調査で、筆者は恩納集落の公民館に保管されていた墓所の図面を見る機会を得た。この図面は恩納集落の墓地を整理するため、ごく近年に描かれたものと思われるが、公民館としてはすでに制作者が誰であるのかは分からなくなっている。興味深いのは、その図面の中に「恩納ナビの墓」という書き込みがあることである。沖縄の墓はかつての風葬の習慣を受けて、広い納骨室を備えた建物状の形態をしている。よく知られているのは亀甲墓の様式であろうが、恩納の墓地はそれ以前の崖穴葬の民俗がよく残っており、特に古い墓は崖に掘り込んだ洞穴を用いている。「ナビの墓」という書き込みが指示しているのは、恩納集落で「按司《あじ》墓」と呼ばれている墓に隣接する墓のことである。按司墓とは、かつて集落を切り開いたとされている按司＝豪族の骨が納められた古墓を意味しており、このため春先の清明祭《シーミー》の際には恩納集落として祭祀を行う対象ともなっている。「ナビの墓」に比定されている共同墓は、この按司墓に隣接する墓穴を指している。この墓穴は現在では一部が崩落し、カメなどが露出してしまっているため、集落により修復あるいは学術調査を行うことが検討されている（写真3）。ただしその中のどの骨が彼女のものであるのか、といったことまでは伝承されていない。

話を戻せば、恩納ナビという歌人は史料の欠落のため研究者からは実在性が疑われる一方、ここにみたように恩納集落においてはその生や死に関して、断片的ながら極めて具体的な伝承が残されている。前述のように本論の趣旨は、彼女の存疑を問うことにはないため、どちらが実態を伝えているかの判断は保留したい。その上でここで強調しておきたいのは、次項に見ていく「歌碑の建設」という記念行為が、こうした地域社会のリアリティを下地としている、ということである。

3　歌碑の建設

恩納集落内には彼女の歌を刻んだ歌碑が二基と、前述の「生家跡」を示す碑が一基、計三基のモニュメントが建てられている。順次その建設の経緯を見てゆこう。

第一の歌碑は、先ほど触れた恩納集落の景勝地である万座毛の手前、現在では駐車場となっている場所のすぐ脇にある。高さ二メートル強の石塔で、正面には「歌人　恩納奈邊記念碑」とある（写真4）。その裏面に刻まれているのが前述した国王を讃える歌である（写真5）。碑の建立は一九二八年（昭和三）十一月のことであり、建立した主体は恩納集落であった。誰が発起人となり、どのように資金を集め、どのような指針の下で設計・施工したのかは今では定かではない。ただ行政や国が事業に関わった様子はなく、現在でも碑の管理は集落に委ねられている。一つはっきりしているのは、この歌碑の建設とともに、後述する「臼太鼓《ウシデーク》」行事が再興されたということである。詳細は後述するが、恩納の民俗芸能であるウシデークは明治以降に行われなくなり、ほぼ途絶していたという。それがこの歌碑の建

写真４　万座毛のナビの歌碑（正面）

写真５　万座毛のナビの歌碑（裏面）

立に際して再開されたことは、その後戦争などを挟んだことで再度の中絶を経るものの、現在までこの行事が継承される上で大きな契機となっている。

一方で、万座毛が景勝地として知られ、近代化の中で観光地化していったことと、この歌碑の建立は深く連動していたものと思われる。それはたとえばナビの歌碑のすぐそばに、巌谷小波の次の歌碑が添えられていることからも窺える。

しぐれたり　おんな詩人の　碑を訪へば

この碑には昭和六年（一九三一）の記銘があり、万座毛という観光地と「おんな詩人の碑」の結びつきがたちまち確立した様子が読み取れる。言い換えればナビの歌碑の建立は、恩納集落にとって完全に自閉した試みではなく、ある程度外部の視線を意識する中で行われたものと考えられる。これはまた恩納のウシデークの復活・継承とも関わってくるだろう。

これに対してもう一つの歌碑は、万座毛から奥まった、恩納集落のただ中に建っている。場所は集落の中心より東側に寄った小高いところで、近世に番所が置かれていた敷地のすぐ前にあたる（写真６）。恩納村の杣山である恩納岳を後背に臨む、遠くまで視界の開けた場所である。そこの小高く設えた土盛りの上に、一本の松が植えられており、その下に設置された歌碑には次の歌が刻まれている[5]。

恩納松下に
禁止の牌のたちゅす
恋しのぶまでの
禁止やないさめ

前半二句の意味を取れば「恩納の松の下に、禁止の立て札が立ったらしい」といった内容になる。その後に「まさか恋愛事

写真６　恩納松下のナビの歌碑

を忍ぶような禁止ではないでしょう」という内容の二句が続く。この歌もまた恩納ナビの代表作の一つであり、王府の出した触れに対する批判として歌われたものと考えられている。その触れとは、すなわち若者の風紀に対する締め付けであり、具体的にはモーアシビの抑制を指している。伝承によるとその背景とは、清国の冊封使が沖縄を巡廻するという出来事であった。このとき冊封使らに不埒なものを見せたくないと考えた王府が、そのためにモーアシビを禁止する立て札を立てた、というのである。この立て札こそが歌にある「禁止の牌」であるのだが、これに対してナビの歌は「まさか」という婉曲なニュアンスを添えて、王府の無粋を皮肉る内容となっている。

補足すれば、このような出来事は琉球王国の歴史上で決してありえないことではないにせよ、何らかの具体的史実と対応しているわけではない。また婉曲表現を用いているにせよ、この歌が王府の政治を批判する内容なのは確かであり、このことでナビが処罰されなかった経緯や、歌が公になった事情、あるいは後世に伝えられた理由など、客観的に見て不自然な点が多い。しかしそうした事情はともかく、ここではこの歌を刻んだ歌碑が、まさにこの「禁止の牌」がかつて建てられたであろう恩納番所の前の「松下」に設置された、という点に注目を促したい。この歌碑の設置は一九六四年(昭和三十九)五月のことで、その事業主体もまた恩納集落であった。

万座毛の碑とは異なり、こちらの歌碑は観光のコースから外れた場所に立っている。もともと番所があった集落の中心地で、近代以降にはそれを引き継いで役場が置かれたとはいえ、あくまでも住宅地の只中であり、あえて探し求めなければ見落とされても仕方ない場所といえる。ただし集落はこの碑の管理には心を砕いており、松の枝ぶりなどにも丁寧に手を加え続けている。管理の際の一つの基準となっているのは、ナビの歌と景観の結びつきである。たとえばこれは歌碑とはなっていないが、次の歌はナビの作として広く知られている。

恩納嶽あがた
里が生まり島
森も押しのけて
こがたなさな

冒頭の「恩納嶽」とは恩納集落の南後背にある山である恩納岳を指している。その「恩納嶽」のかなたに「あの人の故郷《シマ》がある」というのが前二句の意味である。先ほども述べたように、恩納ナビには隣村である金武に恋人がいたという伝承があるが、その金武は恩納に対してまさに恩納岳を挟んだ位置関係にある。つまりこの歌もまた、彼女の人物像の根拠として参照される歌なのである。話を戻すと、この歌は前二句に続けて「森も押しのけて引き寄せたい」という内容が歌われている。自然に対するダイナミックな切り口が彼女の歌作の持ち味とされていることはすでに述べたが、この歌にはそうした性格が顕著に表れている。

歌碑には刻まれてはいないものの、恩納松下の歌碑のロケーションには、この恩納岳の景観が強く意識されている。すなわちこの碑の場所は恩納岳に臨むように小高く整地されており、すぐれた景観が現れるように演出されている。こうした配慮はかつて、その恩納岳をめぐる景観の中にＮＴＴが鉄塔を建てた際にも発揮された。すなわち景観がくずれたことに気分を害した集落は抗議し、結果、ＮＴＴは妥協案として鉄塔を緑色に塗るという対応を示したのである。

以上の二つの歌碑に加えて、最後に「生誕の地」に建てられた碑についても触れておこう。前述のように生誕の地である「マッコウ家」は現在では畑となっているが、石碑はその敷地の端に道路に向けて建てられている(写真7)。

写真７　恩納ナビの生家の碑

ちなみにこの土地については、現在恩納集落が地権者から買い取り、新たにナビ生誕の地として整備し直そうという計画がある。企画段階であり、土地の確保も含めて今後の方向性はまだ白紙ではあるが、現時点では公園のようなかたちに整備される見込みが強いようである。言い換えれば、ナビを観光客向けにアピールする施設などを建てようといったような整備計画は、単に予算の制約というわけでもなく、そもそも住民からは希望としても挙がってはいない。

以上、恩納集落がこれまで建ててきたナビのモニュメントを見てきたが、これらからは次のような傾向が見出されてくる。第一には、外部の視線を意識した態度である。ナビをめぐる二つの歌碑と生地の碑には、常に外部からの視線を意識し、外部に向けて表現するような姿勢が見受けられる。すなわち決して内閉した自己満足として行われているわけではなく、いわば地域の文化的な偉人を積極的に顕彰していこうという姿勢が認められる。

その上で第二に指摘されるのは、その表現のためのストーリーが「琉歌」に依存しているという点である。これはナビが歌人である以上、当たり前のことではあるのだが、たとえば万座毛のモニュメントは「国王が恩納に立ち寄った」という伝承から、また松下の歌碑は「そこに禁止の碑が建てられた」という伝承から、ともに断片的なエピソードを基に立てられているのである。こうしたあり方はナビのモニュメントに以下のような性格をもたらしている。

一つは空間の意味づける資源の、いわば「不足」とでもいうべき事態である。たとえばナビを顕彰するにあたって、

「ナビが歩いた道」や「恋人と会った場所」といった、恩納集落において空間に意味を付与していくようなストーリーは、伝承としても全く存在していない。したがって集落による顕彰行為は、歌の内容を下敷きに、特定の地点を点的に記念していく形態をとらざるを得ない。この点でナビに対する顕彰には、それを展開していく際に大きな制約がかかっている。

もう一つは、そういった資源となる物語が不足する一方で、歌と景観の間はむしろ強固に結びつけられているということである。万座毛に建てられた碑は、その景勝地としての壮大な景観と呼応するように「波の声も止まれ　風の声も止まれ」の歌が刻まれていた。またもう一つの「恩納松下に　禁止の牌のたちゆす」の歌碑は、観光コースから外れることもいとわず、かつての番所の前の、歌の通りの松の下に建てられた。こうしたパターンからは、歌碑の建立において、歌と実際の景観の照応が重要な意味を持つことが見て取れる。言い換えれば歌碑というモニュメントは、物語としての歴史・伝承とは異なり、物語によってではなく景観の「美観」とでもいうべき芸術性において、過去の事績と現在の空間を結びつけているのである。

このことはナビの「生誕の地」が長年、ただの畑として用いられ、何らかの記念の対象とならなかった理由とも関わっていよう。歌碑が歌の芸術性によって現実の景観と結びつきうるのに対して、「生誕の地」という伝承は、伝統家屋などが残っていればともかく、何らかの物質的表現には素直に結びつけにくい。「公園にする」という今後の整備計画の見通しも、「生誕の地」を新たに記念物に繋げていくことの難しさを受けたものといってよいだろう。

4　シンボル化

こうした恩納集落におけるモニュメントの建設に対し、並行する動きとしてナビのシンボル化がある。むしろ恩納村を訪ねる者には、それらの表現を目にすることの方が多いであろう。恩納集落の共同売店には道路に面したウインドウに、ナビが詠んだ琉歌が書かれている（写真8）。恩納村の文化資源としてナビ、あるいは琉歌に光をあてることは、地域の産業振興のための一つの戦略として様々に試みられている。前述のように万座毛の歌碑は一九二八年（昭和三）に建てられており、「琉歌の里」として恩納村を対外的に表現していく姿勢は、決して近年の新奇な試みではない。

ただし現在恩納村で展開しているナビの表現はそれらとはいささか異質である。その端的な例としてイメージキャラクターとしてのナビの扱いがある。恩納村のウェブサイトや様々なパンフレットには、髪を結い、青や黄色の着物姿の二頭身の若い女性のキャラクターが多用されている。(6) ナビにモチーフをとったこのイラストは、恩納村の公的なキャラクターであり、役場や観光施設などでは必ずといってよいほど目にすることになる（写真9）。こうしたナビのキャラクター化は近年の、全国的な「ご当地キャラ」の活用の動向をなぞった展開であり、それ自体は珍しいものとは言えない。その上でナビの資源化が、「琉歌」という要素を離れ、一種のキャラクターとして用いられる展開の新しさには注意を促したい。

写真８　恩納共同売店

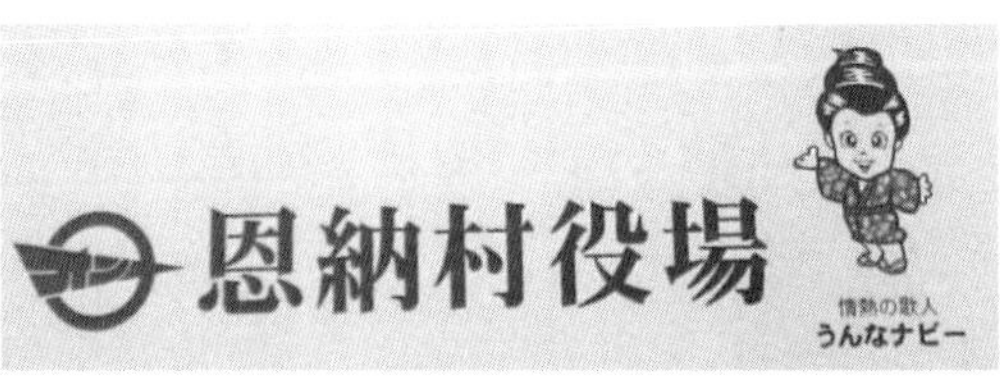

写真９　恩納ナビのキャラクター化

こうした変化を示すものとして、「ナビ」の名が恩納村の観光開発において、様々に「活用」されるという動きがある。たとえば先にも述べたように、恩納集落に隣接する海水浴場は「ナビービーチ」と名づけられているが、この「ナビー」が彼女の名から採られていることは言うまでもない。こうしたシンボル化の展開を特に推し進めているのは恩納村の商工会であり、その公式ウェブサイトのＵＲＬは「www.onnanavi.jp」と、「ナビ」の名前に「navigation」をもじることでつけられている。サイトには前述のキャラクターが多用され、琉歌コンテストなどのイベントも告知されている。こうしたキャラクター化などを通じたナビの資源化は、従来の琉歌の要素がそぎ落とされたところに成り立った動きである。すなわちこれらの展開は、ナビが歌った琉歌の内容や、その景観との照応といった事柄を捨象したところに成り立っている。ナビは、「近世琉球風の服装の若い女性」という形象に切り詰められ、「ナビ」の名は音の共通性だけをもって「navi」などに読み替えられるのである。

このようなシンボル化の動きは、形式的には現地の伝承の資源化として捉えうるものの、伝承の内容面については何らすくい上げていない点が目を惹く。それは一つには「琉歌」という形式そのものが、多くの現代人にとって分かりにくいものであることを背景としていよう。琉球の在来語で歌われる歌は、文字で表現されたとしても意味が取りにくく、ましてや聞き取ることは容易ではない。そのようなものとしての琉歌を観光資源として展開することは明らかに困難で、キャラクター化に際しては、むしろそれらを捨象せざるを得なかったことは想像に難くない。ただそれ以上に、このような切り詰めたシンボル化が起きた要因となったのは、前述した「物語の不足」という事情であろう。すなわちナビには、幾つかの歌を除いて資源となるようなものがなく、ストーリーやエピソードを欠いているために、それらを踏まえた二次的な表現が困難なのである。

のみならず、そもそもナビの「歌」の資源化にはそれ自体の困難さがある。それはすでにみた二つの歌を見比べるのみでも読み取れる。万座毛の歌碑に刻まれた歌（「波の声も止まれ……」）は、その内容において国王を讃えたそれであり、あえて単純化して言えば権力に対して肯定的であるといってよい。これに対してもう一つの歌（「恩納松下に……」）は、王府の命令よりも「恋」を上位に置き、むしろ権力を批判するところにその趣旨がある。いわばそのメッセージにおいて、ナビの歌にはすでに権力に対して両義的なスタンスが認められるのである。こうした両義性は、ナビを一つの人物像へと落とし込む際の明らかなネックとなっている。つまり端的に言って、「ナビとはどのような人間であるのか」ということが見えにくいのである。だからこそナビは、現代の資源化の動きにおいては要素を切り詰められ、ごく単純化された女性のイラストとして表現されざるを得ないのであろう。

ただしこのことは、単に現代における出来事に限らず、恐らく過去において恩納ナビの「資源」としての動員を妨げてきた大きな要因でもあると思われる。すなわちナビの歌の、矛盾のようにも見える奥行きのために、それらは政治的・商業的に利用されることが少なく、前項に見たような恩納集落による自律的な記念が可能であったということである。あるいは、はっきりと権力迎合的であったり、逆に反権力的であったりした場合、近代史の上で何らかの形で政治的に取り込まれうるか、もしくは抑圧を受けていた恐れも考えられる。

5　民俗の文脈

それでは恩納集落において、このナビは今日までいかなる文脈の下で伝承されてきたのだろうか。その際に重要な意味を持つのは、秋口の行事であるウシデークである。

ウシデークとは漢字を当てるとすると「臼太鼓」となるとされる、女性による円陣舞踊である。太鼓などの打楽器を用い女性のみによって踊られる踊りで、本島を中心に沖縄各地の集落に伝承されている。その呼称については九州に分布する「臼太鼓踊」との関わりが指摘されているものの、そちらは男性のみの舞踊であるなど大きな違いがあるため、直接的な関わりはない中で何らかの理由で名称のみが共通するようになったものと考えられている［久万田二〇一一：九〇〜九一］。その趣旨は豊饒祈願にあるとされ、ノロに捧げられることなどから、村落祭祀の一環として踊られてきたものと理解される。

恩納集落の場合、この行事がナビと関わっているというのは、そこで歌われる歌が彼女の詠んだ琉歌だという点である。ウシデークでは集落の各所を回り、それぞれで円陣を組んで踊るが、その際に場へ入場する際の歌（入羽）と、退場する際の歌（出羽）には、今でも「恩納松下に……」や「恩納嶽あがた……」の歌が含まれている。冒頭に述べたように、琉歌は民俗信仰とも密接な関係にあり、「おもろ」のような神歌との連続性も指摘されているが、ナビの琉歌とされる作品が地域の行事で用いられている理由は分からない。ナビが実在したとすれば、その傑作を行事に取り込んだということになるだろう。また逆に架空の人物であったとすれば、年中行事のために集合的に創作され、地域に伝承された歌が、琉歌の傑作として評価されるに至ったことも考えられよう。

恩納のウシデークは明治時代に一度失われたが、前述した通り昭和の初頭に万座毛に歌碑が建設された際に再興されている［仲松　一九八〇：四〇二〜四〇三］。その後、戦争を挟んだことで再び途絶するものの、一九八〇年（昭和五十五）に恩納のノロ（神女）に就任することになる浦崎澄が、就任前の一九七七年に古老からの聞き取りを基に復活させ、それが現在の行事まで繋がっている。こうした経緯のため、歌や踊りに関しては伝承の連続性が期待される反面、「どこで踊るのか」といった要素は変化している見込みが強い。

二〇一五年（平成二十七）の恩納のウシデークは十一月十日に行われた。ウシデークの踊りは何日も前から公民館での練習が重ねられ、当日に備えられる。特筆すべきは、ウシデークが行われる日の朝、区長や神役は万座毛にあるナビの歌碑に出向く決まりになっていることである。ここではウシデークが行われることが碑に「報告」され、酒と水が手向けられる。こうした作法は沖縄の民俗信仰における神祭祀によくみられるものであるが、ナビの碑に対するそれは「神に対する祭祀ではない」とはっきり認識されており、そのことは「線香は焚かない」といった作法にも反映されている。一年を通じて恩納集落の行事・祭祀にナビの歌碑が関わってくるのは、このウシデーク行事の時だけである。この碑への「報告」がいつ始められた習慣であるのかは、現在では分からなくなっているが、経緯からすれば、歌碑の建設以降続けられているものと理解するのが妥当だろう。

それから半日を空け、ウシデークの本祭りは夕方より始まる。踊り手となる女性たちは集落の公民館で円陣を描いて歌い、踊った後、今度は歌碑のある松の木のもとに移動し、ここで再び歌・踊りを行う。その出入りの際に歌われる「入羽」「出羽」と称される歌が、ナビの作に酷似していることは前述のとおりである。その後、今度はかつてノロが暮らしていたという神屋に移動し、その中庭で踊る。最後にもう一度公民館に戻ってきて、暗くなるまで踊って行事は終わる。かつては新たにウシデークに加わるようになった女性の家でも踊っていたとされるが、今ではその習慣はない。またナビの生家はこのウシデークでめぐる場所には入っていないことも付記しておくべきだろう。

こうしたウシデークの作法は、恩納集落において恩納ナビが単なる伝説ではなく、民俗行事と結びついたかたちで伝承されてきたことを示している。その一方、「なぜそのようにするのか」「なぜここで踊るのか」といったことは伝承としては伝えられていない。この行事の中でナビは神として崇められるわけではないし、ナビがウシデークを歌い踊ったという伝承もない。ナビが関わるのはそこで歌われる歌を通じてでしかない。またウシデークは歌と踊りで構成されるが、そこには何らかの説話めいたストーリーがあるわけではない。それぞれの歌・踊りはそれのみにおいて完結しており、歴史的なエピソードなどを反映してもいない。ウシデークで歌われる歌は囃子を交えた、おおむね素朴な内容のものである。

なぜナビの琉歌がウシデークの中で用いられているのか、前述のようにその理由は定かではない。ただどうあれ、ナビの琉歌はこうした行事に取り込まれることで、独立した作品であることを越え、恩納集落にとっての集合的表現としての性格を獲得している。こうした集合的表現に転化していくにあたり、むしろストーリー性に乏しく、歌という端的な美的表現であることは恐らく積極的な意味を持っている。何となれば、そのような表現であることにより、担い手は「このように読むべし」とする固定された政治的・倫理的メッセージを押し付けられることもなく、そこに個々の解釈や情緒を自由に重ねあわせうるからである。むしろナビの歌には海山の雄大な景観と組み合わされた情緒性が見出されるが、そうした恩納の景観との結びつきこそ、彼女の琉歌が想起するものであるだろう。そしてこのことは、歌を景観のうちに固定していく「歌碑」という記念の方法が、集落によって選び取られるべき理由にもなっていったものと考えられる。

三　分析

冒頭に述べたように本論は、沖縄の地域社会における記念行為を、その自律性に力点を置きながら見ていくことを目指していた。それは従来の、政治的動員や資源化を軸とした理解を保留し、その前段階としての地域側の文脈に光をあてることを目的とするものであった。その目的を踏まえて、これまで見てきた事例を分析していきたい。

すでに見たように恩納ナビに対する記念は主に恩納集落を主体とし、地域による自律的な行為として行われてきた。それがすなわち歌碑の建立であり、琉歌を刻んだモニュメントを設けることで、地域は地元に出自を持つ天才を記念してきたのである。そしてまたそれは単に地域にとって内向きの顕彰行為であったわけではなかった。昭和初頭に初めて立てられた万座毛の碑にせよ、戦後に設けられた恩納松下の碑にせよ、それらの建立は常に外部の視線を意識し、外部に向かって顕彰することを動機として含んでいたのである。

しかしながらそういった顕彰は必ずしも、観光開発と嚙みあって展開したとは言い難い。確かに景勝地としての万座毛は今でも沖縄有数の観光地として知られるものの、そのことは恩納ナビという歌人への関心を広く喚起することには繋がっていない。また恩納松下の碑に至っては、観光客そのものが訪れるような環境にはない。こうしたギャップをもたらしている最大の要因は、やはり琉歌という形式が現代人にとってなじみのないものであり、芸術表現としての喚起力を失っていることにあるだろう。これはまた恩納のリゾート開発が主に海水浴客やマリンスポーツをターゲットにしてきたこととも関わっており、その客層のために観光客の大方は、ホテルの周辺の集落景観や、地域の文化・歴史といったものにはほとんど関心を示さない。観光産業の資源として、琉歌はそれ自体としては強い喚起力を持たないのである。したがって恩納の歌碑は、外部のまなざしを意識してはいたにせよ、その訴求性の弱さから観光資源となるには至らなかった、と理解するのが妥当だろう。そしてそれは同時に、ナビの歌や伝承が政治的に利活用されることをも回避させてきた要因でもあろう。

単純化によるナビのシンボル化は、こうした中で新たに選び取られた戦略である。つまりキャラクター化や「ナビ」の音だけを用いた利活用は、恩納の地域に伝えられた伝承の大半を捨象したところに成り立っている。このように商工会や自治体が、ナビや琉歌の内容面を割愛し、「琉歌の里」としての切り詰めたシンボル化を推し進めていることは、あらためて「琉歌」そのものの観光資源としての今のところの限界を受けたものと言える。ただ同時に、ナビがそのようなかたちでのシンボル化しか果たしえなかった背景として、ナビの歌や伝承が首尾一貫した人物像やストーリーを導かないことは改めて強調しておくべきだろう。仮に何らかの説話のようなストーリーが、ナビに関して伝えられていたとすれば、それらを切り口とした表象が観光開発に活用されえたことは十分考えられる。言い換えればナビをめぐる伝承には、そうした切り口となるような要素が欠けていたのである。

たとえばナビの生地の整備計画など、こうした空白を補完しようというような動きもないわけではない。とはいえ恩納集落において、恩納ナビという人物を今以上に肉づけし、具体的な像を与えていこうという動きは乏しい。それは一つにはそうした顕彰の強力な当事者となるような、親類縁者や子孫がいないためでもあるだろう。むしろナビに対する記念行為は、そのように彼女の伝説を具体的に「それらしく」していくことよりも、歌と景観を結びつけることに力点が置かれてきた。それがすなわち、「歌碑」を立てるという記念行為であったのである。

こうした記念のあり方を特徴づけているのは、再三強調してきたように、ナビに対する顕彰が「物語」ではなく、「歌」という芸術表現を通じて果たされてきたという点である。いわゆる国史と稗史の緊張関係がそうであるように、記念行為は物語とその史実性をめぐる対立の中で、ある種の正当化を目的に営まれるものとしてしばしば解釈されてきた。しかしながら本論が見るような事例は、そうした「物語」によってではなく、「歌」という芸術表現との関わりの下で、「真偽」とは異なる評価軸による記念が行われるケースがありうることを示唆している。もちろん将来においてナビの史実性が改めて問われ、それを正当化するようなモニュメント化の動きが生じることも十分に考えられる。ただその上で、恩納集落におけるナビの存在は、少なくとも現時点ではそうした史実性にもまして、年中行事に織り込まれた「歌」を通じて現われるのであり、むしろその歌の芸術的な喚起力こそ、顕彰の動機として捉えられねばなるまい。

註

（1）恩納村教育委員会は二〇〇五年に「恩納ナビー舞台化検討委員会」を置いて検討し、二五首のうち一八首をナビの歌として認める見解を示している［恩納字誌　二〇〇七：五二九］。

（2）もっとも網羅性の高い研究として、離島を含めた各地の歌碑の写真を集めた古堅宗久『ふるさと沖縄の歌碑・石碑・石造物写真集』が挙げられる［古堅　二〇一四］。

（3）「地元のAホテルに勤務したい」と望んだとしても、経営するA社が本土資本の企業であった場合、正社員として勤務するためにはまず東京等にある本社で入社試験や面接を受け、採用された上で研修と実務経験を経て沖縄に派遣される、という手続きを踏まなくてはならない。こうした遠回りな手順や、「運良くA社に採用されたとしても地元に帰ってこられるとは限らない」という現実は、沖縄の若者の意欲を挫く大きな理由となっている。もちろん地元採用の就業枠もあるのだが、それらは待遇や雇用環境が不安定であることが多く、魅力的な就職先とはなっていないのが実情である。

（4）仮にナビが実在しなかったとした場合、生地の伝承が形成された過程が問われることになるだろう。すなわち「マッコウ家」という屋号とナビがなぜ結びついたのか、という問題が現れてくるためである。本論はナビの実在／伝説（＝共同幻想）のいずれの立場にも与するものではないが、伝説だとした場合、なぜ彼女が集落の特定の土地と関連づけられて語られるようになったのかは改めて説明される必要がある。

（5）松は元々もう一本あり、枝振りではそちらの方が知られていたという。ただその松が枯れてしまったため、今は一本のみとなっている。ちなみに番所のあった敷地は十年ほど前までは病院があったが、廃業し、今は空き地となっている。恩納の番所は歴史史料などにも現れてくる場所のため、恩納集落には今後この土地を何らかのかたちで活用していきたいという意向があるが、どのような方向になるかはまだ具体的には決まっていない。

（6）キャラクターとしてのナビは黄色や青色の着物を着ているが、これは意匠上、芭蕉布や藍染めといった琉球の伝統的な染色文化を踏まえたデザインが意図されているのかもしれない。

参考文献

字恩納自治会　二〇〇七『恩名字誌』字恩納集落
池宮正治　一九八三「恩納ナベ」『沖縄大百科事典（上）』沖縄タイムス社
垣花武信・東江八十郎　一九八七『沖縄文学碑めぐり　郷愁とロマンへのいざない』那覇出版社
久万田晋　二〇一一『沖縄の民俗芸能論』ボーダーインク
仲宗根幸市　一九八五『南海の海と民俗―沖縄歌謡へのいざない』ひるぎ社
仲松弥秀　一九八〇『恩納村誌』恩納村
古堅宗久　二〇一四『ふるさと沖縄の歌碑・石碑・石造物写真集』自費出版

安宅関址をめぐる言説と小松市
――フィクションから史跡を経てモニュメントへ――

由谷　裕哉

一　問題の所在

本論集は、国民統合に利用されるのではなく、郷土意識と関わるような記念物（モニュメント）を考察することが課題である。筆者の現在の勤務先が位置する石川県小松市において、そのようなモニュメントとして第一に想起されるのは、同市安宅町の安宅関址ではないかと思われる。なお、安宅関址は現在、主に観光客向けに「安宅の関」と標記されることが多いが、関所が復元された形態で存在しているわけではないので、本稿では引用箇所を除いて安宅関址という標記を用いることにしたい。

もとより周知のことと思われるが、謡曲『安宅』や歌舞伎『勧進帳』の核心部分である弁慶による勧進帳の読み上げや義経殴打などは、完全なフィクションであるので、安宅関址は歴史物フィクションの舞台背景、と理解するのが正しいと思われる。この件については、本稿でも詳しく検討する。

それはともかく、この関址とされる場所は同市安宅町の安宅住吉神社境内に位置しており、モニュメントとしては「安宅関址」の石柱（写真1、一九三九年建立と伝）、および弁慶・富樫の銅像（写真2、一九六六年再建、一九九五年に弁

写真１　「安宅関址」石柱

写真２　弁慶・富樫の銅像

写真３　与謝野晶子歌碑

慶像の向かって左に義経像が追加されている）の二つが、主なものである。他に与謝野晶子が昭和八年（一九三三）に当地を訪れて詠んだとされる短歌、「松たてる安宅の沙丘その中に清きは文治三年の関」を刻んだ石碑（写真３、一九五三年建立）や、「関の宮」として九郎判官と関守富樫泰家それぞれの祠などが周囲にある。

本稿で安宅関址を事例としてとりあげるのは、フィクションの舞台があたかも実在した関所の址のように扱われている、ということへの興味もあるが、それに加えて小松市において特別の敬意ないしは高配がなされている場所、ということに関心がある。もっと云えば、この関址が小松市の形成と関わり、同市を表象するモニュメント、と考えられるからである。

実際、本稿執筆時点の二〇一六年八月に筆者が閲覧した小松市の公式サイトにおいて、「安宅の関」が、実に以下四箇所で言及されている。

一つ目は「観光名所」のページ（http://www.city.komatsu.lg.jp/6092.htm）で、同市に立地する一〇の名所の一として「安宅の関」にリンクできる。そこでは、「歌舞伎『勧進帳』で全国に知られる安宅の関。八〇〇年の歳月が流れた今も、日本海を臨む松林の中に関址の石標が立ち、また弁慶と義経、関守富樫の銅像が潮風を受けて訪れる人に往時のロマンを語っています」と説明されている。

二つ目は「小松市の文化財」のページ（http://www.city.komatsu.lg.jp/3747.htm）で、「史跡」として「安宅の関」があげられ、指定別は「県指定」、指定年月日は「昭和一四年三月一八日」と銘記されている。

三つ目の「歌舞伎のまち」（http://www.city.komatsu.lg.jp/4916.htm）は、前の二つに比べて扱いが大きい。「お旅まつりと曳山子供歌舞伎」なる項目の後に、「勧進帳の舞台『安宅の関』」が説明されている。長文なので全て引用することはしないが、冒頭は以下のようである。「小松市西部、梯川河口に位置する港町・安宅。安宅住吉神社には、黒松林の中に安宅の関があったことを示す石碑がひそやかに立っています。安宅の関は、歌舞伎『勧進帳』の中で、兄・頼朝の追及の手を逃れ奥州に向かう義経一行の前にたちはだかった関として知られています」云々と記され、それに続いて『勧進帳』の内容が紹介される。

四つ目の「勧進帳のふるさと」（http://www.city.komatsu.lg.jp/4687.htm）は、ページ全体が勧進帳と小松市との関わりを述べているので、扱いがさらに大きくはあるが、「安宅の関」との関わりは最初の項目「『勧進帳』の舞台　安宅の関」のみである。その説明文は、「小松市西部、梯川河口に位置する港町・安宅」以下、「歌舞伎のまち」と同文が続く。以上のうち、二つ目以外は写真入りである。

この四箇所の言及では、一つ目と四つ目は歌舞伎の舞台と位置づけられているのに対し、二つ目は史跡の紹介であり、三つ目も史実であるかのような説明を行いつつ、歌舞伎というフィクションの舞台であることも併記されている。このように、切り口によって史実上の存在かフィクションの舞台か、に揺れが見られるのも興味深い。ともあれ、以上のように現在の小松市において「安宅の関」の扱いは思いのほか大きく、また観光資源・文化資源（史跡）というように、その性格も多岐にわたっている。

本稿では以上を踏まえて、次の二つの観点から安宅関址をめぐる郷土意識について考えてみたい。第一に、フィクションである謡曲『安宅』他に出る安宅関が、どのような経緯で実在したと考えられるようになったのか、という点、つまり安宅関の実在および場所に関する言説の流れを見たい。第二に、本来は小松市の旧市街地・小松町とは無関係だった安宅関が、どのような経緯で小松市と関わり、上記のような重要性を付与されるようになったのか、追跡したい。

二　安宅関の実在および場所に関する言説の流れ

この問題については、①フィクションとしての安宅関の登場、②安宅関が実在したという言説、およびそれを前提にした安宅関の場所論、に分けて検討してゆきたい。

1　フィクションとしての安宅関の登場

源平時代に関して比較的信頼できる歴史叙述がなされていると考えられる『吾妻鏡』には、安宅関の記はない。謡曲『安宅』における弁慶と関守富樫とのやり取りは、『源平盛衰記』や『義経記』に出てくる複数のエピソードを組み合わせたものと考えられるが、両書にも安宅関は記されていない。つまり、現在の所、フィクションである謡曲『安宅』が安宅関の初見ではないかと考えられるのである。

その『安宅』の正確な成立年代は不明だが、寛正六年（一四六五）に上演の記録があるとのことで(1)、一五世紀半ばの成立ではないかと捉えておく。

そこでまず、『安宅』における安宅関の描かれ方を見たい。冒頭、「富樫某」と称されるワキが、次のような口上を述べる(2)。

かやうに候者は、加賀の国安宅の湊の関守にては、さても頼朝義経御仲不和にならせ給ふにより、判官殿は十二人の作り山伏となつて、奥へ御下りの由頼朝聞し召し及ばれ、国々に新関を立て、山伏を留め申し候。（後略）

このように謡曲『安宅』では、物語が進行する舞台を、「加賀の国安宅の湊」において頼朝の命によって作られた「新関」、に設定している。

それでは次に、謡曲『安宅』における種々のエピソードは、『源平盛衰記』および『義経記』でどのように描かれていたのだろうか。両書における「安宅」の記述も含めて見てゆきたい。

『源平盛衰記』は、近年は『平家物語』読み本系の一形態と考えられ、『国史大辞典』では一四世紀後半成立と推定されている。この読み本系とは、『平家物語』の諸本の系統の一で、枝葉末節が付加された形態のことを指している。研究者によっては、増補系とする場合もある(3)。対する語り本系が、古典文学全集の底本となる写本の系統とされる。

ともあれ『源平盛衰記』巻二八では、寿永二年（一一八三）五月二日、平家の軍勢が越前から加賀へ乱入した。源氏の軍兵は、安宅渡に城郭を構える。平家は林・富樫の二箇所の城を打ち落としたので、源氏は安宅の湊より落ちる、云々の記事がある。[4] 富樫については、少し前の箇所で富樫次郎家経とある。以上のように、安宅なる地名は安宅渡として出ているのみであり、かつそこに城を築いた富樫家経なる武将との関わりが、この箇所で明記されていることが注目される。

なお、当該箇所は『平家物語』読み本系の他の本（長門本・延慶本）には似た記述があるものの、語り本系（覚一本）の該当箇所（巻七）では、富樫の城が安宅に築かれたようには記載されていない。

次に、『義経記』を参照しておこう。その巻七において、わずかに安宅が言及される。すなわち、文治二年（一一八六）、判官北国落ちの過程で、一行は加賀の篠原から斎藤実盛が討たれた池を見たあと、安宅の渡しを越え、根上の松に着く。そこが白山を伏拝する所だったので、岩本宮に行き、そこで夜通し祈った、などとある。この判官北国落ちの年を『吾妻鏡』では翌年としており、今日ではそれが通説になっている。例えば、先にも言及した現在の安宅関址にある与謝野晶子歌碑にも、「文治三年」の語句が含まれている。

『義経記』の記述に戻ると、義経主従は白山に参拝した後、弁慶だけが富樫介の館を訪ねる。そこで、弁慶が東大寺の勧進をする山伏だと答える。この際の「富樫の館」の位置は、中世において武将富樫氏（中世後半には守護）の拠点であった、現在の野々市市（金沢市の西近郊）を想定していると考えられる。さらに、弁慶が判官をうつエピソードは、越中に入って「如意の渡にて義経を弁慶打ち奉る事」に見られる。[5]

『義経記』の成立は室町初期頃と考えられており、謡曲『安宅』成立のたかだか数十年前に過ぎない。おそらく『安宅』の作者は、『源平盛衰記』巻二八に安宅湊に城を築いた富樫なる武将が出てくることと、『義経記』で加賀国の富樫の館で弁慶・富樫とが相まみえ、弁慶が東大寺の勧進云々の自己紹介をするエピソード、それに越中での判官殴打のエピソードをフィクションとして集大成し、さらにオリジナルで弁慶による勧進帳読み上げのエピソードを加えたのではないかと考えられる。

そうしたフィクションの舞台として、安宅湊に頼朝の命によって新関が築かれたという、架空の設定が導かれたのであろう。

2　安宅関の実在論と場所論（海中説など）

ところが、近世に入って安宅の関が実在したという言説が複数登場する。石川県内の郷土史界で繰り返し参照されているが（後述する富田景周・森田平次・和田文次郎など）、『盛長私記』および『後太平記』がそれに当たる。以下、孫引きになるが概略しておく。(6)

(1)安宅関の実在論

『盛長私記』巻二九においては、鎌倉殿の御家人・富樫介が、安宅の浜に新たな関を設け、柵を付けて番兵を置き云々の記載がある。盛長は正治二年（一二〇〇）没の武将・安達盛長で、頼朝の武家人であった。同書は盛長が書いた日記を装った偽書であり、旧来は享保（一七一六―三六）頃の成立と考えられていたが、近年は一六八四―一七〇三の間と推定されている。(7)

『盛長私記』巻二九の記述は、およそ以下のようである。文治三年（一一八七）二月、前の伊予守義顕（義経のこと）が追捕使から逃れ、叡山から山伏の姿で奥州に逃げようとしていた。富樫介はもと義仲の部下として上洛したが、義仲が討たれた後に加賀に逃げ帰り、鎌倉殿より義顕を探すべしとの宣旨を下され、上記のように安宅に新たな関を作り、山伏姿の義顕を捕らえようとしていた、などとされている。

もう一つの『後太平記』は、元禄五年(一六九二)成立説があるように、これも一七世紀末の成立と考えられる。『後太平記』四の記述は、以下のようである。応安元年(一三六八)、安宅の関の関守である富樫介が、山伏姿に身をやつした新田義宗(義貞の三男)をとがめたところ、おのおのが笈の内より鎧を取り出し、関守ら三〇余人を難なく討ち取り、越後国に下った話を載せる。安宅の関について、頼朝が文治年中に立て置かれて以来である旨の記がある。また、新田義宗ら一行が山伏姿であることについては、九郎判官が奥州に下向の時にここを通り、笈を捜したとの付記もある。

『盛長私記』や『後太平記』の影響がどれくらいであったかは不明だが、先にも記したように、例えば近世加賀藩の郷土史家 富田景周(一七四六―一八二八)が、『三州志故墟考』で両書とも引用している。同書は、寛政一三年(一八〇一)成立と考えられている。(8)

富田が『盛長私記』などに言及している箇所は、以下の通りである。(9)

文治三年二月、源義経安宅関ヲ伴リテ過ギシコトハ盛長私記ニ見エ、(中略)応安元年新田宗義等潜行シテ安宅関ニ抵リシコトハ、後太平記ニ見ユ、

見られるように、富田は先に概要を紹介したとほぼ同じ観点において、『盛長私記』および『後太平記』に注目し、安宅関実在論の根拠としている。ただ、現在知られている『源平盛衰記』とは異なる写本を用いているのか、(10)先の引用箇所の前に、富田は次のように書いている。

寿永二年五月朔、平軍加賀国ニ向フ時、林光明富樫家経等、石黒光弘ト合従シ塞ヲ安宅渡ニ築キ、数百弩ヲ設クトアリ、

つまり、富田は何らかの根拠によるのか独善かは不明ながら、安宅に寿永二年（一一八三）五月に林・富樫らによって新関が築かれたことを自明視していた。なお、富田の『三州志故墟考』以前に成立したことが確実と考えられる、俳人・堀麦水（天明三年〈一七八三〉没）の『三州奇談』にも、「安宅の石像」なる項目で当地の「新関」が存在することを当然とみる、次のような記述がある。(11)

加州安宅の浜は、往古よりの名跡、越の高浜と云ふは爰なり。中古の海湖三湖の水戸にして、舟持の家多し。浜は黒石白石を分ちて世に安宅石と云ふ。弁慶が越えし新関の跡は何れの地にや。二つ堂は砂浜に社燈明らけく、鳥居はいくつか砂に吹埋れて、笠木許り見ゆるもの多し。（後略）

堀麦水は、富田景周のように『盛長私記』や『後太平記』の情報を踏まえていたかどうかは分からないが、『三州奇談』が成立したと考えられる一八世紀後半頃に、安宅関実在説がかなり常識化していたことを示す一例ではあろう。以上のように一八世紀後半には通説化していたと考えられる安宅関実在論を前提に登場し、戦前までかなり地元で影響力を保持していたのが安宅関海中説である。現在も当地では、安宅の関は海に沈んだそうだ、と語られる年配の方に遭遇することがある。

(2)安宅関の海中説

通説で関址海中説の初見と云われるのは、『加越能金砂子』における「安宅浦」の項目にみられる記事であろう。同書は、享保九年（一七二四）に没した前田綱紀の治世期に作られたらしく、そこには「於此所昔新関を被建候。今は其関は二三里も沖の海中にあり。松なども有之所、只今は枯木に成有之事」(12)とある。同書の刊本を校訂した日置謙（一八七三―一九四六）は、その成立を寛文一一年（一六七一）から元禄一三年（一七〇〇）の三〇年間に求めているので、これだと『盛長私記』や『後太平記』で安宅関実在論が主張される以前に、関所の海中説が存在した可能性があることになってしまう。

一方、日置は彼が編纂した『加能郷土辞彙』の項目「金砂子」において、「金砂子の名は享保十七年菊岡沾涼の江戸砂子が出た後の改題改編である」としている。享保一七年は一七三二年である。日置が校訂した複数の底本も金砂子と命名されていたとのことなので、とりあえずこの海中説の登場を、『盛長私記』『後太平記』からやや下る、一八世紀前半と推定しておく。

この海中説を世に広めるのに貢献したと考えられているのが、安政二年(一八五五)に成立した『三州名跡志』とされる。同書で安宅関について、「今二三里を距りたる海中に在り、百年許前には、海波静なるの日、老松を海底に認め得たり」云々とある。[13]とはいえ、一九世紀には他にも安宅関の海中説を主張する文献が知られている。

例えば、先の富田景周が編纂に関わったとも云われ、天保元年(一八三〇)に成立して加賀藩に提出されたという『加越能三州地理誌稿』でも、「相伝。文治二年置関待源義経。今関址在海中云」とある。[14]

また、先にも参照した日置謙が編纂した石川県八郡のうち、六郡の郡誌の一である『石川県能美郡誌』(一九二三年)には、安宅関海中説が複数列挙されている。江戸時代の例を一つだけあげておくと、文化四年(一八〇七)成立とされる『北国巡杖記』に、以下のようにあるとのことである。

又あたかの関は、星霜つもりて、今ははるかの沖とぞなりにける。

以上のように、一九世紀の幕末までの文献として、『北国巡杖記』『加越能三州地理誌稿』『三州名跡志』という三書に、安宅関の海中説が掲載されていることになる。ちなみに、日置自身は安宅関非実在論の立場で一貫していた。同じ『石川県能美郡誌』で彼は、次のように記している。

此の事古く謡曲に見え、演劇となり、長唄となり、遂に人口に膾炙して真偽を別つべからざるに至れりと雖、正史に於ては毫も記載せらるゝ所あらず、又世往々にして安宅の関址に就きて論ずるものあり（中略、『三州名跡志』の概略、沖の富樫、地の富樫の件など）此等は皆義経通過の事の著名となりたるより後に起りたる名称なるべく（後略）（同郡誌七二七―七二八頁）

⑶安宅関の実在・場所をめぐる郷土史家の言説

安宅関実在論の展開と場所論に戻ろう。幕末・明治期の郷土史家 森田平次（一八二三―一九〇八）は、成立年代不明だが、一部に金沢市成立が言及されているので、同市が成立した明治二二年（一八八九）以降の作かと推測される『加賀志徴』の「安宅関」の項目において、『東鑑』における文治二年に義経の隠居所を捜索するようにとの記事、そして捕縛した守護地頭には兵糧を与えるとの記事などを列挙し、次のように実在論に与している[15]。

是等の文によれば、北陸道の諸国守護地頭等各山伏の往来を糺し、中にも富樫泰家は吾が加賀一国の守護職たるを以て、殊に関門を構え、旅人の往還を改め正したる事なきにもあらじ。安宅は往古の官道にて、兵部式に載せられたる古駅にて、文治元年平大納言時忠卿能登配流の時も、篠原・安宅打過ぐると盛衰記にも見えて、文治の比まで尚官道なるべければ、殊に此所に関門をば構へたることさもあるべし。

見られるように、森田は「なきにもあらじ」「さもあるべし」と断言し、実在することが自明だという論調である。なお、森田は同じ項目内で、『三州名跡志』の「二三里海中」云々を参照してはいるが、肯定しているわけではないと考えられる。

以上のように、富田景周と森田平次は安宅関実在論を主張していたが、森田の次の世代に当たる郷土史家である、和田文次郎（一八六五―一九三〇）はどうだろうか。

和田の『能美誌』（一九〇〇年）における「安宅塞址」の項目では、「寿永二年林光明、富樫家経塞を安宅渡に設け、又平維盛軍敗れて安宅城を保てり、文治三年二月、源義経安宅の関守富樫泰家を伴りて此を過ぎぬ」とした後、『後太平記』における新田義宗の逸話や柴田勝家について記す。寿永二年（一一八三）については、先に引用した富田景周の言説と似ている。さらに、「今存せず。文治年中、義経の為に古の関址に拠りて設けたると称ふる新関の址も、亦尋ぬへからず。一説に曰く、関址は今の安宅川の南辺なりと」と記しており、陸上説を紹介している（読みやすいように、句読点を追加して引用）。さらに、小文字で『東鑑』では安宅に新関を築いたことは見えず、『盛長私記』に載るのみで『義経記』にも見えず、謡曲の創作か、といった補遺が付されている(16)。

和田は、明治憲法に関する著述もあるように森田よりは開明的であると考えられ、小文字の補遺で謡曲による創作説を添えながらも、安宅関実在論に配慮していることが分かる。もっとも、場所論については海上説を支持してはいない。

以上のように石川県の郷土史界では、和田文次郎が控え目に非実在の可能性を付記したように、安宅関実在論がかなり有力であった。これに対して、和田より若い世代の郷土史家である日置謙が安宅関の非実在論を主張していることは、すでに述べた。その日置が編纂した『能美郡誌』（一九二三年）において、彼が旧来の安宅関実在論を紹介する中で、海中説と並んで現在の二堂山説も参照されている。

このように、加賀・石川県エリアの郷土史界で、遅くとも『能美郡誌』の一九二三年までに現在の二堂山という安宅関址の場所論が登場してきた(17)、ということだが、これについては節を改めて眺めることにしよう。その前に、ここまでの経緯を表1としてまとめておきたい。

表1　安宅関の実在および場所に関する一九世紀までの言説

時代	事実関係
一四世紀後半か	『源平盛衰記』巻二八の安宅言及箇所に、富樫の名を参照。

一四世紀末 一五世紀初頭か	『義経記』巻七に、安宅の渡し、弁慶と富樫との対話、弁慶による義経殴打（越中にて）などのエピソード。
一五世紀中頃	謡曲『安宅』に安宅関（初出か）および勧進帳のエピソードなど。
一七世紀末頃か	『盛長私記』『後太平記』に、文治年中に安宅に新関が作られた旨。
一八世紀前半か	この頃までに成立した（？）『加越能金砂子』に安宅関海中説。
一八世紀後半	堀麦水『三州奇談』で、安宅関の実在を前提にした記述。
一九世紀初頭	富田景周『三州志故墟考』の安宅の項で、『盛長私記』と『後太平記』が参照され、安宅関の実在を自明視。
一九世紀・幕末まで	『北国巡杖記』『加越能三州地理誌稿』『三州名跡志』に安宅関海中説。
一九世紀末か	森田平次『加賀志徴』で『吾妻鏡』を考慮しつつ、安宅関実在論に賛同。安宅関海中説も紹介するが、賛同はしていない。
一九〇〇年 （明治三三）	和田文次郎『能美誌』で、安宅関の安宅川南辺説、および小文字で非実在論の根拠を付記する。

三　安宅関二堂山説の確立から小松市の史蹟へ

さて、先にも述べたように一貫して安宅関の非実在論を主張していた日置謙は、上述の『能美郡誌』で実在論の諸説をも紹介していた。その中で、先に言及した海中説と共に列挙されている「能美郡役所調書」のうち、安宅町勝楽寺の由緒に、「従ひて安宅関は今の安宅住吉神社の境内たる二堂山、一名富樫山に在りたることを知るべし」の一文がある（同郡誌七三〇頁）。同じ「能美郡役所調書」の安宅住吉神社の由緒にも、似た主張が見られる。

このような安宅関・二堂山説が一九二〇年代には複数の人によって主張されていたのでは、と推定できる根拠として、一九二四年に金戸嘉七なる人物が著した一種の観光案内、『能美郡案内』がある。[18] 同書では安宅関の場所論について、海中説を紹介した後で次のように述べている。

今一つ考証的で管々しいが、関の址は現在の二堂山の附近だと云ふのである。二堂山は住吉神社の境内に当るのであるが、「平家物語」等によると平の維盛は倶利伽羅に破れて南下した時、美川から安宅に出て鷹居山に陣したと称へられてゐる。鷹居山はさうすれば要衝に当つてゐたと思はれる、此の鷹居山が現在の地形と照合して二堂山だと云ふのである。

(1)安宅関址保存会の活動

以上のように一九二〇年代に顕在化したと考えられる安宅関二堂山説を、一九三〇年代に強力に推し進めたのが、安宅関址保存会の『安宅誌』(一九三三年)であろう。[19] 彼らの場所論を引用しておく。

(前略)元来安宅の海中に二列の暗礁があつた。一を沖の富樫といひ、他を地の富樫と名付けた。富樫といふ語源は関守の洒落で、網をさへぎるより名付けたものであらう。(中略)後命名者が没すると異説が生じて、富樫の邸址なるが故に名付けたと信じられるに至つた。そしてそれが加賀藩の調査に応じて上申された書上に録され、「金砂子」といへる随筆に載せられた。それを載録したのが例の「三州名跡志」であつて、これが加越能の地誌を編む人の種本となり、今日の地理書は其説を其儘に、或は多少のさかしらを加へて再録し、普く世に流布せらるゝに至つた。(中略)

この説の根本である、所謂富樫は実に安宅の沖合のみならず、隣村根上、牧等の沖合にも存在し、全く列在せる暗礁にすぎぬ。これを以て関址とすれば関址は幾十百も、縦に幾十町にも汎く存在したといふ滑稽なる事実を容認せねばならなくなる。

更に安宅町には町の位置が移転したといふ伝承はなく、附近部落にもさういふ伝承は全くないこともその証拠とならう。（中略）

そして本会は関址の一を考定して二ツ堂山とした。其地では他の砂地と異なり、建築敷地として特別に築かれた形跡があり、且其附近で明治初年頃に多少の礎石と、五輪塔の破片とを発掘してゐる。（後略）

安宅関址保存会は、この『安宅誌』を刊行したこと以外、実態が不詳の団体である。しかし、この『安宅誌』の刊行を初めとして、一九三〇年代に安宅関の顕彰活動をいくつか行った団体であることは確実である。その顕彰の経緯については後述するが、同保存会が当初からそれを目指していたかどうかは明らかでないものの、結果的に同関址は昭和一四年（一九三九）に石川県の史蹟に認定されたので、同会がそれに尽力したことにはなろう。

この史蹟とは、大正八年（一九一九）に制定された史蹟名勝天然紀念物保存法に根拠を持つ。同法は、昭和二五年（一九五〇）に制定された文化財保護法の前身の一つである。石川県では、大正一二年（一九二三）から史蹟名勝の調査が始められた。しかし、城址・古戦場などを県が調査した『石川県史蹟名勝調査報告』第二輯（一九二四年）には、安宅関が掲載されていない。つまり、この時点では、『安宅』『勧進帳』の一般的な人気によって安宅を弁慶・富樫の逸話の舞台と捉えることが通説化していたとしても、関所址の場所は定めがたかったということであろう。そこから昭和一四年（一九三九）の県史蹟に至る間に、安宅関址保存会の顕彰活動が位置していたことになる。

例えば、『安宅誌』の刊行と同じ昭和八年（一九三三）九月、『勧進帳』の弁慶で当代一といわれた松本幸四郎（七代目）が、ゆかりの安宅関址に来遊、なる記事が北國新聞同年九月五日付けに載る。これはおそらく、安宅関址保存会の顕彰活動の一環であろう。なお、こちらも同保存会との関わりがよく分からないもの、安宅住吉神社境内に本稿冒頭で引用した歌碑が残る与謝野晶子も、この年に夫・鉄幹らと当地を訪れたと云われている。

翌々昭和一〇年（一九三五）四月には、同会が義経・弁慶・富樫泰家の慰霊祭を執行している（北國新聞四月二一日記事）。

以上のような同保存会の尽力により、「安宅の関址」は昭和一四年（一九三九）三月一八日、石川県の史蹟に認定された（北國新聞同日記事）。

安宅関址保存会はこの指定を記念して、二堂山が位置する安宅住吉神社境内に写真1の石柱を建て、さらにその向かって左に同会銘の「安宅由来記」なる案内版を設置した。現在、この案内板は文字が脱色して判読不可能になっているが、筆者が一九八〇年代に撮影した画像（写真4）に基づいて、その一部を転記しておきたい(20)。

（前略）陸路の要衝たりし事も広く諸書に見る処にして、延喜式の安宅駅を載せたる八雲御抄に安宅の橋見元、源平盛衰記に安宅城ある等皆取って以て證とすべし。就中最も著名にして童子も能く知れるは安宅の関なりとす。（中略）文治三年如月、寒風凛烈、松下怒濤踊るこの岸に、地頭富樫の尋問に遭う。弁慶の智、富樫の仁、織りなすは千古の芳事、国民伝説の最も優なるもの、謡曲に歌舞伎に涙を誘ふものとなる。徳川時代より妄説生じて海中にありとなすは誤れり。吾人のなせし詳細なる研究は海中説を悉く否定し、断じてこの二堂山一帯の地域に有りしと言ふに帰着す。（後略）

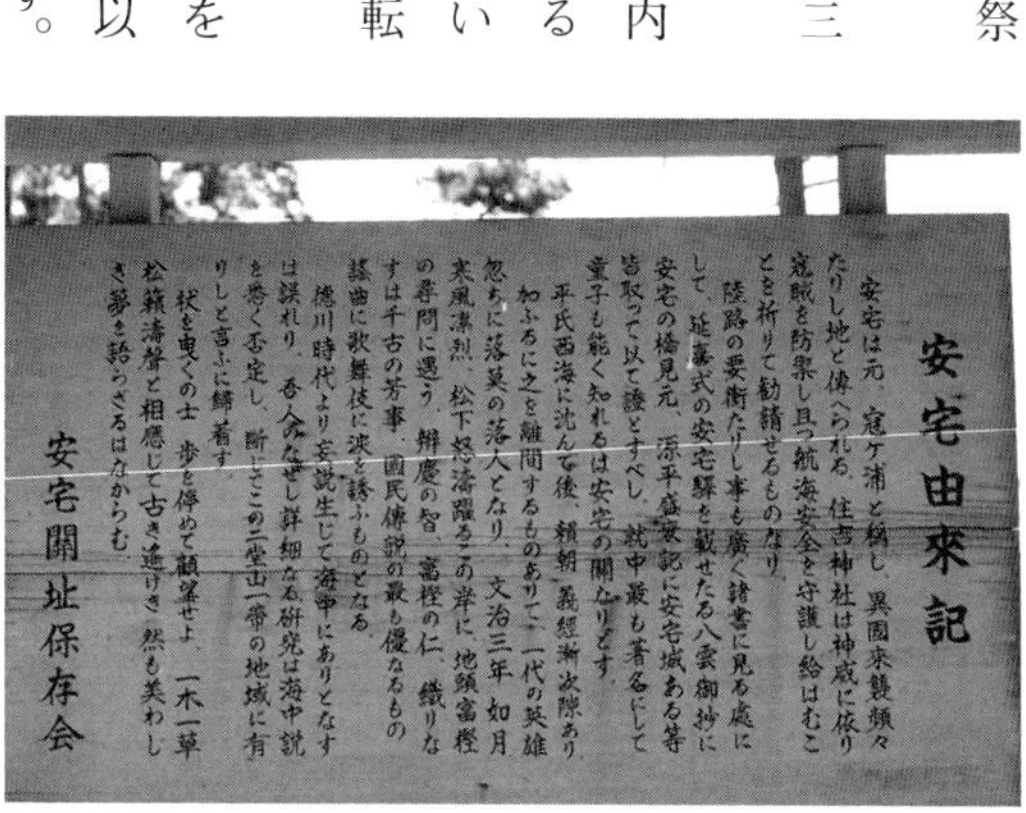

写真4　「安宅由来記」案内板（1980年代撮影）

引用箇所で最終段落の「吾人のなせし詳細なる研究」が、昭和八年（一九三三）に同保存会が刊行した『安宅誌』に相当するのであろう。ただ、この案内板の引用文の方が、先に引用した『安宅誌』より、同保存会の主張を端的に表していたように思える。つまり、謡曲や歌舞伎の舞台となった「安宅の関」は史実上も存在し、それが位置していたのは安宅住吉神社境内の二堂山だという主張である。

⑵永井柳太郎との関わりほか

ところが、史蹟に認定された昭和一四年（一九三九）三月の直後、安宅関を巡る経緯は意外な方向に進展する。というのも、同年五月三日、石川県選出の代議士　永井柳太郎の発願で、安宅に弁慶・富樫の陶像が作られることになるのである。[21]その一環として、六月一七日、永井柳太郎を安宅関址に迎えて、弁慶・富樫の陶像地鎮祭が挙行されてもいる（北國新聞同日記事）。

なお、この陶像は戦後、昭和四一年（一九六六）に銅像に建て直されたが、その際に作られたらしい案内板によると、次のように永井自身が陶像を作成して小松市に寄贈した、という風に説明されている。

この富樫弁慶像はもと当地名産九谷焼の原料陶土を用い、まれにみる巨大な陶像として昭和十五年秋故永井柳太郎氏が現在地より当方三百八十米の平地に建設し、当市に寄贈されたものです。（後略）

この案内板は「昭和四十一年三月　小松市」によるとされているが、引用文の「昭和十五年秋」の段階で当地は能美郡安宅町であって、まだ小松市は未成立であった。

この小松市成立の件も、「安宅の関址」の史蹟認定および永井柳太郎との関わりと、同時代に急展開する。というのも、昭和一四年（一九三九）七月二〇日、石川県で二番目の市として、七尾市が誕生したからである。これにより進展が滞っていた小松市制への要望が強まることになる。石川県も、安宅町を加えて市制を目指すように小松町に指示を出した、とされる。

ちなみに小松市制の試みは、これ以前に二回なされていた。最初の計画は昭和九年（一九三四）で、小松町と白江村との合併であった。この時は白江小学校の焼失により中断されたという。二回目は昭和一三年(一九三八)、町会議員らにより市制計画が再出発した。この時は、小松町と牧村・板津村・白江村・苗代村という一町四村であったが、村落部の反発があったらしい。昭和一四年(一九三九)の試みは三回目ということになり、早期の市制実現に向け上記の四村に加え、新たに安宅町、御幸村、粟津村の一町二村が加わることになった[22]。

つまり、同年六月に弁慶・富樫像の地鎮祭をした安宅町が、翌月に将来の小松市に含まれる可能性が生まれたのである。

永井柳太郎による弁慶・富樫の陶像建設に話を戻すと、永井は昭和一四年(一九三九)の明治節(一一月三日)に、以下のような文章を残している。その碑文が、戦後に再建された弁慶の銅像(向かって左側)の下に埋め込まれたレリーフの形で残っている。以下、金属製でなく陶像にせざるを得なくなった顚末に関する部分を省略して、引用する(適宜、句読点を追加)。

> 国家ノ興隆ヲ致スハ一ニ期シテ燃ユルガ如キ民族精神ノ昂揚ニ俟ツベキナリ。日本民族ハ展ブルニ蓋世ノ意気ヲ以テシ、処スルニ大海ノ仁愛ヲ以テシ、須ク偉大ナル歴史ノ創造者タラサルベカラス。士気衰ヘ仁義廃ルルニ至ラバ、国家ノ危機之ヨリ大ナルハナシ。余ハ予テ勧進帳ニ於ケル弁慶ノ忠勇義烈、並ニ富樫ノ義経主従ニ対スル武士ノ情ニ感激シ、勧進帳ニ縁ノアル安宅ノ地ニ弁慶並ニ富樫ノ像ヲ建設シテ、勧進帳ノ精神ヲ国民ノ間ニ昂揚セシメ度キ念願ヲ有シ居リタル処、(中略)以テ忠君ノ大義ヲ尊ビ、武士ノ情ヲ重ンズル日本民族ノ永遠ノ象徴トナサムコトヲ希フ。

この他に、現在の富樫の銅像(向かって右側)の下には、永井の揮毫による「智仁勇」のレリーフが埋め込まれている(写真5)。この三つの字は、孔子が『論語』で人の大いなる徳として列挙している三徳である。筆者は、永井が孔子を参照して『勧進帳』の弁慶・富樫にそれを当てはめたのだ、と当初は理解していたのだが、上に引用した弁慶・富樫の陶像建立の由来を記した碑文からは、そうした儒学における三徳と弁慶・富樫との関連づけが読み取れない。

むしろ、先に引用した安宅関址保存会による案内板「安宅由来記」に、「弁慶の智、富樫の仁、織りなすは千古の芳事、国民伝説の最も優なるもの」云々とあるので、『勧進帳』における弁慶・富樫のエピソードに上記の三徳を対応させたのは、永井のオリジナル見解というより、安宅関址保存会のサジェスチョンだったと推察できるのではないだろうか。

写真５　永井柳太郎揮毫「智仁勇」

それに対して上記の碑文からは、永井が「弁慶ノ忠勇義烈、並ニ富樫ノ義経主従ニ対スル武士ノ情」を「忠君ノ大義ヲ尊ビ、武士ノ情ヲ重ンズル」という日本民族のあるべき姿に結びつけており、当時の永井が大政翼賛会の推進者であったことを連想させる。そう考えた方が、「国家ノ興隆」「日本民族ハ（中略）須ク偉大ナル歴史ノ創造者タラサルベカラス」「国家ノ危機」「勧進帳ノ精神ヲ国民ノ間ニ昂揚セシメ度キ」などの文言を理解しやすいように思われる。

つまり、弁慶・富樫の逸話を儒学の三徳と結びつけて安宅関を顕彰しようとした安宅関址保存会の思惑と、『勧進帳』の精神を大政翼賛会に適用しようとしていた永井柳太郎の想念とが、微妙にずれながらも永井筆の「智仁勇」のレリーフへと結びついたのではないだろうか。

ともあれ、弁慶・富樫の陶像は、昭和一五年（一九四〇）一〇月二八日に除幕式が行われた。永井柳太郎も列席し、式辞を読んだとされる。その他、松本幸四郎、鞍馬寺信楽貫首などが迎えられ、官民有志二〇〇余名が列席して盛大に行われたらしい(23)。

翌一一月には、小松市内で皇紀二六〇〇年祝典が開催された。本稿の主題と直接関わるわけではないが、同市内には皇紀二六〇〇年記念のモニュメントがいくつか見られる。管見に及んだものをランダムにあげると、芦城公園内平和塔(忠霊塔)の門柱、今江白山神社境内の巨大な石碑、岩淵白山神社鳥居前の石柱(二六〇〇年の字が削り取られている)、中海町滓上神社境内の石柱、原町白山神社の鳥居、四丁町八幡神社の拝殿、などである。

そして、その翌一二月一日、小松市が誕生した。以上までの流れについて、表2としてまとめておきたい。

表2　小松市成立までの二〇世紀における経緯

時代	事実関係
一九二三年(大正一二)	日置謙『能美郡誌』で安宅関非実在論が展開されるも、海中説や二堂山説も紹介される。
一九二四年(大正一三)	金戸嘉七『能美郡案内』で、安宅関二堂山説。
一九三三年(昭和八)	安宅関址保存会『安宅誌』で、二堂山説ほかにより安宅関を顕彰。松本幸四郎(七代目)、与謝野晶子が安宅関を訪れる。
一九三五年(昭和一〇)	安宅関址保存会が、弁慶・義経・富樫泰家の慰霊祭。
一九三九年(昭和一四)	安宅関址が石川県の史蹟に認定。永井柳太郎の奨めで弁慶・富樫の陶像建立が決まり、地鎮祭を行う。
一九四〇年(昭和一五)	弁慶・富樫の陶像除幕式、永井柳太郎が式辞を読む。皇紀二六〇〇年行事。小松市成立。

四　戦後の展開

敗戦後の安宅関址については、関連する情報がさほど多くない。ここでは、二点ほどに触れるに留めたい。なお、永井柳太郎は敗戦前の昭和一九年（一九四四）に東京で亡くなっている。

昭和四一年（一九六六）、弁慶・富樫像が新たに銅像として建立されたことはすでに述べた。同年の四月六日に除幕式が行われている。[24]これら二者の銅像に加え、現在のように弁慶像の脇、向かって左側に義経像が建立されたのは、平成七年（一九九五）のことである。[25]これにより、弁慶・富樫・義経という三つの像が、智・仁・勇のそれぞれを現す、と観光客向けに説明されるようになったが、少なくとも戦前に弁慶・富樫の陶像を建立した永井柳太郎の大政翼賛会的な意向とはまるで異なっている。

このことについては、現在の銅像付近に義経像が付加された際、「財団法人　安宅観光協会」により「銅像の由来」なる案内版（平成七年一〇月吉日銘）が建てられているので（写真6）、全文を引用しておきたい。

弁慶・富樫の銅像は歌舞伎で有名な七代目松本幸四郎・二代目市川左団次をモデルとして昭和四十一年彫刻家の都賀田勇馬氏により制作されたものである。左端の義経像はその子息都賀田伯馬氏が平成七年十月制

写真6　弁慶・富樫「銅像の由来」

作した。ここに親子二代に亘り勧進帳の主役三体の像を完成させたものであります。

石碑に刻まれた智・仁・勇の文字は永井柳太郎氏の自筆で、智は弁慶の知恵、仁は富樫の情け、勇は義経の勇気であり、我国古来の国民性の美しさを端的に表現している言葉である。

これが、現在でも観光目的で三者の像と智仁勇なる三字との関連を紹介するために使われる言説となったのである。なお、同観光協会はすでに解散している。

もう一点、昭和六二年（一九八七）の五月から、小松青年会議所などにより「勧進帳小松・八〇〇年祭」[26]が挙行され、この年の小松お旅まつりにおいて、曳山を有する八町の一つである大文字町が初めて『勧進帳』を上演した。お旅まつりとは、小松市の旧市街地を形成する八つ（元は一〇）の町内が保管する曳山を、五月の祭礼時に建造し[27]、その上で町内輪番で子どもによる曳山芝居（現在は歌舞伎の演目の一部が上演され、「子供歌舞伎」と称される）を上演する祭礼である。[28]つまり、お旅まつりと『勧進帳』の舞台である安宅とがこの時点で結びついたことが、本稿冒頭で紹介したように小松市が「歌舞伎のまち」を標榜する直接の背景となったのである。

なお、この八〇〇年祭では上記のお旅まつりを含み、五月の安宅住吉神社での祈願祭から九月の「二一世紀まちづくりシンポジウム」まで、智・仁・勇の三つのテーマに沿った二四の行事が行われた。この時点では現在のように弁慶・富樫像の脇に義経像が建立されていなかったが、このように智・仁・勇なる三語を論語などの三徳としてではなく、『勧進帳』および安宅関と結びつける発想は、平成七年（一九九五）に至って安宅関址における弁慶・富樫像の脇に義経像を建立することに極めて近づいていたと考えられる。

ともあれ、以上のような戦後の変化は、本稿でこれまで議論してきた安宅関を巡る戦前までの二つの事象を前提していたと考えられる。

第一に、安宅関がフィクションの舞台などではなく歴史的に実在したこと、かつその場所が現在の安宅住吉神社境内の二堂山であること、という二点が通説化したことである。

第二に、その二堂山に「安宅関址」の石碑が、その近くに弁慶・富樫の陶像、戦後には銅像、さらに当地を訪問した与謝野晶子による、安宅関址が当地であることを詠んだ歌碑が建立され、これらのモニュメント群によって、安宅関二堂山説が既成事実と化したことであろう。

第一の点について本稿では、典拠としては一七世紀末頃の偽書『盛長私記』および『後太平記』によること、それを根拠に富田景周・森田平次・和田文次郎ら当地の郷土史家によって安宅関実在論が確立する経緯を見てきた。さらに、そうした実在論を踏まえた場所論として、かつて有力だったらしい海中説に代わって二堂山説が有力になるのは、一九三〇年代における安宅関址保存会の顕彰活動の影響力が大きかったことを確認した。本稿では詳しく追求しえなかったが、七代目松本幸四郎・与謝野晶子・永井柳太郎といった中央の有名人を安宅関址に迎えたのも、同保存会であった可能性が高いように思われる。

第二の点については、安宅関が石川県の史蹟に指定された昭和一四年（一九三九）、弁慶・富樫の陶像を建立しようとした永井柳太郎との関わりが大きいであろう。本稿では、彼の揮毫とされる智仁勇の三徳が、安宅関址保存会のサジェスチョンである可能性にも言及した。その是非はともかくとして、上述した「勧進帳小松・八〇〇年祭」（一九八七年）や安宅関址への義経像建立（一九九五年）を経て、この智仁勇なる三字が論語ではなく、小松市内では永井柳太郎という石川県出身のいわば偉人による揮毫であることによって権威づけられ、さらに弁慶・富樫・義経三者の像に表象される『勧進帳』の精神と結びつけられて理解されるようになったのである。

加えて、安宅関址が小松市のもう一つの文化資源であるお旅まつりの曳山子供歌舞伎と関連して考えられるようになり、それが現在の「歌舞伎のまち小松」というキャッチフレーズを導くことになった。とはいえ、安宅関がこのような形で小松市を表象する役割を担うことになったのは、もはや追補的な現象と捉えるべきかもしれない。

注

（1）『国史大辞典』第一巻、吉川弘文館、一九七九年。
（2）金剛巌（校訂）『安宅』檜書店、一九七二年。
（3）渥美かをる『平家物語の基礎的研究』三省堂、一九六二年。
（4）松尾葦江（校注）『源平盛衰記』（五）、三弥井書店、二〇〇七年。
（5）岡見正雄（校注）『義経記』岩波書店、一九五九年。なお、『義経記』には室町時代における修験道を知るための多くの情報が含まれているが、それについては他日を期したい。
（6）森田平次『加賀志徴』上編、石川県図書館協会、一九三六年、を参考にした。
（7）千本英史（責任編集）『日本古典偽書叢刊』第二巻、二〇〇四年、一三八頁。
（8）日置謙『改訂増補　加能郷土辞彙』北國新聞社、一九五六年、「越登賀三州志」の項目。
（9）『三州志故墟考』益智館、一八八三年（国立国会図書館デジタルライブラリーより）。
（10）現在知られている『源平盛衰記』の寿永二年五月の箇所では、「越中・加賀両国ノ兵共、安宅渡ニ馳集リ、橋板三間引落シ、城ヲ構、垣楯ヲ掻、平家ヲ待ツ」と安宅渡に「城」を築いたとしている。この城に立てこもった武将について、「林・富樫・下田・倉光」とし、「平家ハ林・富樫ガ館ニ打入テ」と平家に打ち落とされたとする（松尾葦江（校訂）『源平盛衰記』（五）、注（4）前掲、一四三―一四五頁）。つまり、林・富樫らが「安宅渡」に「城」もしくは「館」を築いたが、平家に敗れてそれを放棄した、とされており、「塞」とは全く書かれていない。

（11）日置謙（校訂）『三州奇談』石川県図書館協会、一九三三年。

（12）日置謙（校訂）『加越能金砂子』石川県図書館協会、一九三一年。

（13）石川県能美郡役所『石川県能美郡誌』同郡、一九二三年、七二八頁より孫引き。

（14）日置謙（校訂）『加越能三州地理誌稿』石川県図書館協会、一九三四年。

（15）『加賀志徴』上巻、注（6）前掲、二六二頁。

（16）和田文次郎『能美誌』宇都宮書店、一九〇〇年。

（17）なお、安宅関址を二堂山に求める考えは、本文で引用した一八世紀後半頃の『三州奇談』で、弁慶が越えた「新関」と「二ツ堂」とを併記しているように、近世から存在していたと考えられる。他にも、安宅住吉神社には寛政年間（一七八九—一八〇一）に氏子が奉納したという『義経通安宅関図』、明治三年（一八七〇）に奉納された押絵「弁慶村童ニ扇ヲ与フルノ図」などが所蔵されており、安宅住吉神社境内の二ツ堂山に安宅関があったと考える人々が近世からいたと推察される。

（18）金戸嘉七『能美郡案内』小竹写真館、一九二四年。

（19）安宅関址保存会『安宅誌』安宅関址保存会、一九三三年（国立国会図書館デジタルライブラリーより）。

（20）安宅住吉神社で販売されている『安宅の関グラフ』に、「安宅由来記」が再録されている。

（21）「発願」という表現は、『小松市制50周年記念誌』小松市、一九九〇年、七六一頁。

（22）『小松市制50周年記念誌』、注（21）前掲、二一八頁。

（23）『永井柳太郎』編纂会（編）『永井柳太郎』勁草書房、一九五九年、五四二頁。

（24）例えば、『小松市制50周年記念誌』、注（21）前掲、三九六頁。
（25）例えば、『小松市制60周年記念誌　元気のでるまち小松』小松市、二〇〇〇年、一四頁。
（26）勧進帳小松八百年祭開催実行委員会事務局（編）『勧進帳小松八百年祭』同事務局、一九八七年。
（27）現在は、二〇一三年に小松市内に開館した「こまつ曳山交流館　みよっさ」に、うち二基が常設展示されている。なお、小松お旅まつりの曳山については、曳山古文書調査研究会（編）『小松の曳山文書』小松市教育委員会、一九九四年、参照。
（28）小松お旅まつりについては、由谷裕哉「小松お旅まつりの社会史」、『小松短期大学論集』第一五号、二〇〇三年、参照。

郷土とモニュメント

――コンクリート製の白衣大観音（群馬県高崎市所在）を事例に――

時枝　務

はじめに

人々が歴史をどのような方法で記憶するのかという議論は、西洋史において活発になされているが、近年日本近代史の分野でもみられるようになった。オーラル・ヒストリーのような「かたち」を持たない方法もあるが、記念碑や銅像のような明確な「かたち」を持つ物質的なモニュメントによる方法も、注目を集めている［若尾・羽賀　二〇〇五、松本　二〇一二］。

モニュメントによる歴史の記憶の研究は、国民国家をめぐる言説に絡むものが多く、身近な問題と直結する場合は少ない。しかし、郷土にとってモニュメントがどのような意味を持つのかという問題を射程に入れて、モニュメントが残された場所に即した検討をおこなう必要があることも確かである。

そこで、郷土とモニュメントの関係をあきらかにするため、群馬県高崎市観音山にある白衣《びゃくえ》大観音を具体的な事例として取り上げ、検討してみたいと思う。

白衣大観音は、「高崎の観音様」と呼ばれて親しまれ、郷土のシンボルとなっているコンクリート製のモニュメン

高崎白衣大観音
（慈眼院ウェブサイトより）

トである。高崎市の観光ポスターには、しばしば白衣大観音が登場し、周辺に咲く桜の花とともに写されたショットの美しさが話題にされる。白衣大観音は、観音山丘陵の上に聳え立ち、遠方からも視認できる。夏などには、夜間のライトアップがおこなわれ、神秘的な雰囲気を醸し出す。

ところで、白衣大観音については、高階勇輔によるまとまった概説があるが、観光と経済の視点からの記述である［高階　二〇〇四］。それに対して、手島仁は、観音山全体を戦没者祭祀の霊場と位置づけている［手島・西村　二〇〇三］が、白衣大観音をめぐる個別的な論文は未発表のようである。また、熊倉浩靖は、井上房一郎の評伝のなかで「白衣大観音建立の心」という項目を設けて論じているが、あくまでも房一郎の父保三郎の人物を活写するためのものである［熊倉　二〇一一］。このように、白衣大観音をめぐる研究は、いずれも白衣大観音を直接論じたものではなく、白衣大観音の知名度と反比例するかのように寥々たるものである。

一　観音山公園造成計画

まず、白衣大観音創建の前史として、観音山公園造成計画と陸軍特別大演習に触れておく必要がある。

観音山公園造成計画は、昭和八年（一九三三）二月、井上保三郎（一八六八～一九三八）を中心に、観音山公園保勝会が結成されたことに始まる。観音山公園保勝会結成の目的は、「観音山公園保勝会設立趣旨」［高崎市　一九九八］の冒頭に、「地方繁栄ノ方策ハ元ヨリ多岐ナリト雖モ、名勝ヲ開発宣布シテ盛ニ外客ヲ誘致スルハ、其ノ捷径ノ一ナラズンバアラズ」（以下、適宜読点を補う）とあるように、観光客誘致策の一環として公園を整備しようというものであった。

観音山の名は、中腹にある真言宗豊山派華蔵山清水寺の本尊である観音菩薩に由来し、江戸時代から使用されていた。清水寺は、大同三年（八〇八）に坂上田村麻呂が東北地方へ蝦夷平定に赴く途中、京都の清水寺の開山である延鎮が彫った千手観音像を祀ったことに始まるという。その後、天正一一年（一五八三）、和田信業を大檀那、祐清を大本願として本堂を再建した。江戸時代には、朱印地一六石七斗を擁し、碓氷郡八幡村（高崎市）の大聖護国寺の末寺であった。清水寺観音堂は、七月一〇日の四万六千日参りや春の花見には、烏川対岸の高崎町から多くの町人が訪れて賑わった。観音山は、江戸時代から桜が植えられた遊楽地であるとともに、清水寺を中心とした霊場でもあった。

「観音山公園保勝会設立趣旨」は、こうした観音山を「関東有数ノ楽園ニシテ霊場タリ」と称し、「拡張整理シテ更ニ近代的施設ヲ加フルニ於テハ、恐ラクハ全国屈指ノ遊覧地区トシテ誇ルニ足ル」とし、県立公園に指定される可能性を示唆する。近代的施設が、具体的にどのようなものか不明であるが、観光施設の建設を考えていたことが推察できる。発起人の井上が、高崎市を代表する土木建築業者であったことを考慮すれば、大規模な造成を想定していたとしても不思議はない。

県立公園については不明であるが、昭和六年四月に制定された国立公園法が、外貨獲得のための観光事業政策としての性格をもち、その具体的な設備として国立公園を位置づけるものであったことを考え合わせると、観音山公園への期待がどこにあるかが知られよう。ちなみに、実際に国立公園が指定されたのは昭和九年のことで、三月一六日に雲仙天草・霧島屋久・瀬戸内海、一二月四日に阿寒・大雪山・日光・中部山岳・阿蘇が指定された。井上らは、国立公園をめぐる動きを知り、その郷土版として観音山公園を構想した可能性が指摘できる。昭和恐慌後の地域経済の衰退は、井上らのもっとも危惧するところであったに違いなく、観音山公園の計画は経済活性化策の一環である観光政策として打ち出されたものとみてよい。

さらに、高崎市会の建議によって公園造成計画の大綱が決定されたものの、時局多難と財政緊迫のために着手されないままになっているという。そして、当局に任せておいたのでは埒があかないので、「宜シク市民及県民自ラ進ンデ経営周旋スルノ覚悟ナカルベカラス」として、「同志相謀リ、観音山公園保勝会ヲ組織シ、観音山公園造成ノ遂行ヲ促進スルト共ニ、将来更ニ其ノ開発宣布ニ努メ、以テ市及県ノ繁栄ニ資スル所アランコトヲ期ス」と主張するのである。ここで重要なのは、観音山公園の造成を、市民・県民の運動としておこなうことを強調していることで、いわば下からの運動として位置づけようとしている点である。行政ができないならば、自分ら同志が実践すると高らかに宣言しているわけであるが、そのおもな担い手は、商工会議所に集まるような地元の経済人であった。

熊倉は、「関係者の証言によれば、保二郎は、群馬の表玄関、商工業都市高崎に隣接する緑の楽園、古来より信仰を集めてきた民衆の丘、観音山をより多くの人々に開放し、近代的に整備しようと市に働きかけ、市会の決議を経て、この会を発足させた」と述べている［熊倉　二〇一一］。確かに、「観音山公園保勝会設立趣旨」にも市会の決議があったことが述べられているが、それが不調に終わったため、市民・県民の運動として展開することになったと読むことができる。その点、熊倉がいうように、井上が観音山公園造成計画を市会に働きかけたのであるとすれば、状況は大きく異なることになる。市会の決議と井上らの運動がどのような関係にあるのかを問う必要がありそうである。しかし、この点を実証的に検討できるに足る史料は発見されておらず、当面は将来の研究課題とせざるを得ない。

ところで、「観音山公園保勝会設立趣旨」は、末尾を「希クハ愛郷ノ士競ツテ盟ニ加ハリ力ヲ協セ、以テ目的ノ達成ヲ速ナラシムルニ吝ナラザランコトヲ、敢テ趣旨ノ存スル所ヲ述ベテ大方ニ檄ス」と結び、賛同者の愛郷心に訴えている。郷土を愛する人は、すべからく賛同し、寄付すべきであると言外に主張していると読めるのである。とすれば、観音山公園造成計画は、郷土再興の願いに支えられたものであったといえよう。

当時、高崎市の公園といえば、頼政神社に隣接して設けられた高崎公園がもっとも整備されたものであった。しかし、高崎公園は狭く、都市高崎の規模に見合うものではなかった。都市における公園の重要性は、初代市長矢島八郎（一八五〇～一九二一）が明治三九年（一九〇六）六月二二日の市会で発表した「市是」の「七　公園ノ完成ヲ期スル件」で説いた［高崎市　一九九五］ところで、当時市会議員であった井上も共鳴したと推測できる。というのは、具体策として高崎公園の設置が計画され、施工にあたって井上が一役かった話が伝わっているからである。その話とは、立退料まで取りながら転居しなかった植木屋に井上が憤慨し、ある日、人足に命じて屋根を剥し、壁を破壊するという強硬手段を実行して、植木屋を退去させたというものである［熊倉　二〇一一］。公共の意識が強く、実行力のあった井上の人物を彷彿とさせる逸話であるが、ここで確認しておきたいのは井上の公園への熱い思いである。

さて、高崎公園とは比較にならないほど広大な観音山公園であるが、井上はどのような公園を構想していたのであろうか。昭和八年までに実現していたのは、昭和五年に清水寺境内に井上らが発起人となって建立した矢島八郎銅像のみであるが、そこに矢島の意志を継承しようとする井上の姿勢を見出すことは容易であろう。とすれば、観音山公園の原型は、高崎公園にあるといわねばならない。

高崎公園は、市民の憩いの場であったが、公園内に戦没者慰霊施設が建設されていたことに注目すれば、政治的な空間であったといえよう。高崎公園周辺では日露戦争中の明治三七年に招魂社創建が企図されたが実現せず、明治四二年になって高崎公園内に英霊殿が建設され、戊辰戦争以来の群馬・長野・埼玉の三県にわたる戦没者が祀られた。戦没者の範囲は、郷土部隊である陸軍歩兵第一五連隊などの徴兵範囲であり、いわば郷土の英霊を祀る施設であったわけである。

こうした高崎公園の性格が、観音山公園に影響を与えたであろうことは、観音山公園で昭和九年一一月三日に高崎忠霊塔が建設され、戊辰戦争以来の群馬・長野・埼玉三県の戦没者の氏名を記した名簿が塔内に納められたことなどによって推測できる。忠霊塔は、昭和一四年に設立された大日本忠霊顕彰会が、一市町村一基の忠霊塔を全国に建設する運動を展開するなかで広まった戦没者慰霊施設であるが、高崎忠霊塔はそれに先行する数少ない例である。その形式は箱型の基壇上に角柱状の塔身を載せ、塔身に「忠霊塔」の文字を表したもので、基壇の内部の納骨施設に戦没者名簿が安置された。この形式が生み出された背景には、忠魂碑と墓碑の性格をあわせもった施設の必要性を説く陸軍の意向があった。陸軍は陸軍墓地と忠魂碑を一元化し、威厳ある戦没者慰霊施設としての忠霊塔を現出させることによって、国民の護国の観念を宣揚しようとするねらいがあった。遺骨と霊魂をあわせ祀る忠霊塔は、霊魂を遺骨から切り離して祀る護国神社や靖国神社とは、異質の霊魂観に支えられていたことはいうまでもない。

このように考えることができるとすれば、観音山公園は、当初から慰霊施設を盛り込む計画であった可能性があり、白衣大観音の性格もその延長線上に位置づけなければなるまい。

二　陸軍特別大演習

次に、二つ目の前史である陸軍特別大演習について、「大演習と軍都高崎」［高崎市　一九九八］や従来の研究［森田一九九一］によって簡単にまとめておこう。

陸軍特別大演習は、実戦を想定した本格的な演習で、昭和九年一一月一一日から一四日まで、栃木・群馬・埼玉の三県を舞台におこなわれた。大本営は群馬県庁に置かれ、大元帥である昭和天皇（一九〇一〜八九）は、一〇日午後に前橋市に入り、翌日から演習を指揮した。軍事演習は、陸軍歩兵第一五連隊が属する第一四師団と近衛師団が西軍、東京の第一師団と宮城県仙台市の第二師団が東軍という仮想でおこなわれた。西軍を率いたのが荒木貞雄大将（一八七七〜一九六六）、東軍を率いたのが阿部信行大将（一八七五〜一九五三）で、部下にも多数の陸軍の精鋭が配された。作戦は、一一日に栃木県で、一二日に群馬県で展開し、一二日には高崎市街地を中心に戦車隊・騎馬隊が行き来し、上空には航空隊が爆音を立てて飛び交う実戦さながらの演習であった。

陸軍特別大演習昭和天皇閲兵風景（高崎市　1998）

演習は、市民生活にも影響を与え、一二日夜の東軍による空襲に備えた灯火管制が布かれ、消防組・在郷軍人会・青年団・町内会の役員らは防空演習に参加した。一三日早朝、観音山南方の烏川流域一帯の平野でおこなわれた演習を最後に、陸軍特別大演習は無事終了した。終了後、昭和天皇は、高崎の陸軍歩兵第一五連隊内に設けられた御講評場に行幸し、勅語を述べた。その内容は、「今次特別大演習ハ主トシテ兵力編組ヲ異ニセル大兵団ノ機動作戦ヲ演習セシメタリ、而モ将兵ノ志気旺盛ニシテ作戦亦概ネ機ニ適ヒ、其成績良好ナルヲ認メ朕之ヲ懌ブ」というもので、演習の成功を讃えるものであった［森田　一九九一］。高崎駅前には奉迎門、連隊前には奉迎塔が建設され、祝賀気分を盛り上げた。町には提灯が掲げられ、市民をはじめ大勢の群集が市中に溢れ、祝祭の雰囲気に町中が包まれた。

この大演習の野外統監部は、栃木県佐野町（佐野市）寺岡と多野郡八幡村

（高崎市）山名八幡宮背後の八幡山に設けられたが、八幡山に決定したのは一一日のことであった。最後まで競った候補地は観音山であり、一四日には乗附練兵場で観兵式が挙行されているが、観音山との関係で選定された場所とみられる。八幡山には、多くの見物客が押し寄せ、警察はその誘導に追われた。前日から宿泊して見学しようとした人々は、山名八幡宮と道路を挟んだ微高地に集めることに成功したが、地元山名の人々は山名八幡宮から野外統監部にかけての傾斜地に詰めかけた。昭和天皇は、綱も張っていない状態の道路を、白馬に乗って野外統監部に向った。最前列の人々は、白馬に触ることができたほどで、警備は手薄と評されても仕方ない状態であった。そのことに責任を感じた山名駐在の巡査が、割腹自殺を図るという事件が起き、未遂に終わったものの、大きな社会問題となった。

一三日午後には、近衛師団と第一師団の軍人が高崎市内の宿舎に入り、夜には歓待の宴がもたれた。七時からは、高崎市国防義会の主催で、松井石根陸軍大将（一八七八～一九四八）の講演会が、高崎劇場で開催された。一四日には、午後三時から陸軍戸山学校軍楽隊の演奏が、やはり高崎劇場でおこなわれた。一四日の乗附練兵場の観兵式は、小雨のなかで挙行されたが、昭和天皇は傘もささずに立っていたので、退去後そこだけが雨に濡れずに残されていたという。

演習後の一五日からは、前橋地方裁判所・前橋中学校・群馬師範学校・桐生高等工業学校・中島飛行機などを巡幸し、一七日には高崎の郷軍と青年代表が昭和天皇に謁見した。

この大演習には、莫大な経費を要したが、その一部は高崎商工会議所が負担した。その中心に、井上保三郎がいたことはいうまでもなく、井上はその功績を讃えられ、単独拝謁の対象となった。昭和天皇は、一〇日に前橋行在所で有資格者に単独拝謁、五二七名に列立拝謁をおこなった。高崎市民で単独拝謁の対象となった人物は八名いたが、その一人が井上保三郎であった。当日単独拝謁した高崎市長山浦市三らは、公職にあり、ある意味当然の処遇であったが、井上は当時一民間人に過ぎなかった。その点で、やはり特別の待遇であったといわざるを得ない。井上は、そのことに感動し、白衣大観音の造立に至ったというのである。

白衣大観音の台座に刻まれた銘文である「白衣大観世音建立之趣旨」には、次のように記されており〔高崎市　一九九八、一部誤読を訂正し、脱落を補った〕、井上が単独拝謁にいかに感動したかを知ることができる。

昭和九年十一月上毛ノ野ヲ中心トシテ陸軍特別大演習ヲ挙行セラル、ニ方リ、畏クモ　天皇陛下ニハ大纛ヲ本県ニ進メサセラレ親シク六軍ヲ御統裁遊ハサル、次テ地方行幸仰出サレ具サニ民情ヲ斁ハセ給フ、　聖慮ノ程畏キ極ミナリ、此間不肖保三郎ハ忝ナクモ実業功労ノ御思召ヲ以テ単独拝謁仰付ケラレ行在所ニ伺候、　竜顔ヲ拝シ奉ルヤ、無上ノ光栄ニ浴セル不肖ハ感激ノ極ニ達シ、恐懼平身唯涙アルノミナリキ、蓋シ不肖一家一門空前ノ栄誉トス、乃チ慈眼視衆生ノ大観世音ヲ造立シテ、永ク　聖恩ノ余光ヲ記念シ、且ツ報恩ノ万一ニ擬シ奉ル、是レ本業発願縁由ノ一ナリ

昭和九年一一月に群馬県を中心に陸軍特別大演習がおこなわれた際、恐れ多くも昭和天皇は群馬県に行幸され、直接軍事演習を指揮された。ついで、地方行幸をおこなわれ、つぶさに民情を視察された。天皇の思し召しは恐れ多いばかりである。この時、井上保三郎は忝いことに実業の功労が評価され、単独拝謁を仰せ付けられて行在所に伺い、天皇の竜顔を拝したことは無上の光栄であった。保三郎は感激のあまり恐懼平身し、ただ涙がこぼれるばかりであった。まさに一家一門の空前の栄誉である。そこで、慈悲の眼で衆生を済度する大きな観音菩薩を造立して、永久に「聖恩ノ余光」を記念し、あわせて恩に報いるべく万が一でもお返ししたいというのが、白衣大観音を発願した第一の理由であるという。

井上にとって、昭和天皇に拝謁できたことがきわめて名誉なことであり、その恩に報うべく白衣大観音を造立する

というのである。また、それは発願の最大の理由ではあっても、全てではないといっているところに、注意が必要である。

いずれにせよ、白衣大観音の造立は、陸軍特別大演習に際して、井上保三郎が昭和天皇と謁見したことを契機に発願されたもので、軍事的な要素と天皇への信仰を最初から孕んでいたことを指摘しなければならない。ただ、それはあくまでも天皇に拝謁したことへの感動を原点としたもので、軍事的というよりは、天皇への信仰が強かったとみられる点に注意が必要である。観音の慈悲に繫がるのは、天皇の大御心であり、軍事ではないのである。

三　白衣大観音の発願

「白衣大観世音建立之趣旨」は、先の文章に続けて、次のように述べる［高崎市　一九九八］。

伏シテ惟フニ　皇徳広大其量天ニ侔シク其沢地ニ同シ、万物頼テ以テ栄エ、億兆依テ以テ養ハル、生ヲ皇土ニ享ケタル者宜シク建国ノ大義ヲ忘ル、コトナク、正義ヲ以テ国ヲ護リ、公道ヲ以テ人ヲ摂シ、疾ク世界平和ノ大猷ヲ実現シテ　皇祖列聖ノ御慈績ヲ光揚シ奉ルヘキナリ、茲ニ弘誓深キコト海ノ如キ大観世音ヲ雲表ニ瞻仰セシメ、聊カ精神作興思想正導ニ資セムトス、是レ本業発願縁由ノ二ナリ

天皇の恩徳は無限で、その威光で全てが栄え、日本国民が養われている。日本に生まれた者はその大義を忘れずに、正義によって国を護り、公の道によって社会を涵養し、世界平和に資し、歴代天皇の慈悲と事績を発揚しなければならない。そこで、慈悲深い観音菩薩像を作り、思想善導に貢献することが第二の発願理由であるという。美文であるため、本音を把握することが難しいが、ナショナリズムの発露とみて誤りなかろう。ただ、護国を強調したうえで、

思想善導に触れており、軍事的な目的を匂わせることに注意する必要があろう。

さらに、「白衣大観世音建立之趣旨」は、続けて次のように述べる〔高崎市　一九九八〕。

更ニ思フ、由来我国民ハ勤王ノ念ニ燃ユ、古往今来其事蹟ニ富ムト雖、就中明治維新以来ノ歴史ニ徴スルニ殉国忠勇ノ士挙ケテ算スヘカラス、其功勲讚仰スヘキナリ、茲ニ戊辰日清日露戦役以来本県出身並ニ歩兵第十五聯隊ニ属スル長野埼玉両県下出身殉国勇士ノ英名ヲ聖像台石ニ刻ミ、遠ク其忠勇義烈ヲ偲フト共ニ永ク其冥福ヲ祈ラムトス、是レ本業発願縁由ノ三ナリ

わが国民は、勤王の思想が強く、古くからその事蹟に事欠かないが、なかでも明治維新以来の歴史をみると殉国者や勇士が多く輩出したことが知られる。彼らの功績は讃えられるべきである。そこで、戊辰戦争・日清戦争・日露戦争以後、群馬県出身の郷土の軍人、ならびに歩兵第一五連隊に属する長野県・埼玉県両県出身の戦没者の氏名を白衣大観音の台座に記名し、その活躍を讃えるとともに、冥福を祈ろうとするのが、発願の第三の理由であるという。

高崎に陸軍が常駐するようになったのは明治五年（一八七二）六月の東京鎮台の分営の設置に遡るが、歩兵第一五連隊が創設されたのは明治一七年五月二五日のことであり、以後、高崎は軍都としての色彩を強めた。兵士の出身地は、長野県が半数を占め、ついで群馬県が三割、残りが埼玉県であった〔清水　二〇〇四〕。歩兵第一五連隊は、群馬県の郷土部隊であるが、その兵士は群馬県出身とは限らなかったため、郷土の軍人のほかに歩兵第一五連隊に属する長野県・埼玉県両県出身の戦没者を祀る必要があったのである。

井上は、「忠勇義烈」の者を顕彰するとともに、追悼しており、顕彰と追悼を同時におこなっている点に注目する必要があろう。また、戦没者の氏名を台座に記すことによって、顕彰と慰霊がなされており、氏名を記すことによって個々の戦没者を想起できるようになっていることを見落としてはならない。戦没者が、個性のない英霊ではなく、

個々の氏名をもつ殉国勇士と捉えられていることが重要である。白衣大観音は、戦没者の氏名を刻むことで、忠魂碑など戦没者慰霊碑と同様の機能を発揮した。

銘文は、さらに次のように続くが、宗教的な色彩が濃厚になる。

観音妙智ノ力能ク世間ノ苦ヲ救ヒ給フ、願クハ、凡ソ此地ニ杖ヲ曳ク者等シク観世音ノ慈光ニ接シテ、煩悩無明ノ闇ヲ除キ、衆怨悉ク退散セシメ給ヘ、又願クハ、四方雲来ノ士女諸賢ノ共鳴ヲ仰キ、諸縁吉祥ニシテ如上不肖ノ浄願ヲ満足セシメラレムコトヲ、以上赤誠ヲ披瀝シテ白衣観世音建立ノ趣旨トナス

経曰　具一切功徳　慈眼視衆生　福聚海無量　是故応頂礼

昭和十一年十月建立

高崎市　井上保三郎

観音菩薩の妙智力は、人々を世間の苦から救済してくれる。願わくば、この観音山の白衣大観音に参詣する全ての者が、観音菩薩の慈悲の光に浴して、煩悩や無明の闇を除いてもらい、怨みはことごとく退散させてくれという。また、願わくば、各地から来訪する男女諸賢の賛同を仰ぎ、もろもろの関係がうまくいき、井上保三郎の清らかな願いが成就することを祈願するという。そして、真実を披露して、建立趣旨とすると述べたあとに、観音経の偈を掲げる。こうして、昭和一一年一〇月、白衣大観音は、井上保三郎という一人の個人によって創建されたのである。

この願文において、井上は、なぜ白衣大観音を創建するに至ったのかを述べているが、その趣旨は、①昭和天皇への単独拝謁、②天皇中心の思想への善導、③戦没者の顕彰と慰霊の三つからなる。①の出来事への感動と感謝が、②の思想善導と③の慰霊・顕彰をおこなう動機になっていることはいうまでもない。①が②と③を引き出した要因は、①が陸軍特別大演習という一大軍事イベントであったことにあり、陸軍の行為が井上に大きな影響を与えたことは疑

いない。

このうち、①は井上個人に関わることであるのに対し、②は日本国民、③は群馬県出身の郷土の軍人、ならびに歩兵第一五連隊に属する長野県・埼玉県両県出身の戦没者である。また、②は生存者であるのに対し、③は戦没者、つまり死者である。生存者には思想善導、戦没者には慰霊・顕彰が期待されたわけである。

では、なぜ造立された仏像は、観音菩薩なのか。それは、銘文の末尾の部分で述べられているように、観音菩薩が衆生を救済してくれるからである。救済の内容は、煩悩の除去と怨恨の消滅であるが、具体的には示されていない。昭和一一年という時期を考慮すれば、対外戦争や経済的・政治的な混乱、マルクス主義や無産主義の台頭など、さまざまな現象が思い浮かぶ。②に関しては、昭和七年九月二二日に、群馬県特高課が左翼の一斉検挙をおこなうなど、緊張感が高まっていたことが関連していると推測できる。時局は、確実に戦時体制へと向かうなかで、観音菩薩によってもたらされる平和の実現は、井上の切実な願いであったと考えてよかろう。とはいえ、③の慰霊がなぜ観音菩薩に期待されるのかは疑問であり、阿弥陀如来などのほうが理に叶っているようにも思われるが、教学的な理解を超えた観音信仰が井上にあったことを直視するしかない。その点では、教学的な理解の浅さを指摘するよりも、井上の個人的な信仰の深さに注目することが重要であろう。

四　白衣大観音の開眼

昭和九年一二月、井上は、白衣大観音の原型の制作を、群馬県伊勢崎市出身の鋳金工芸家森山酉三（一八九七〜一九四九）に依頼した。森山は、東京美術学校で香取秀真・津田信夫に師事し、昭和二年以後一一年連続で帝展に入選し

工事中の白衣大観音（高崎市　1998）

無鑑査となった作家である。近代的なセンス溢れる金工品を制作するだけではなく、彫刻をも手がけ、群馬会館には新田義貞像（一九三〇年）、浮彫高山彦九郎・小栗忠順像（一九三〇年）、渡辺一等機関兵像（一九三三年）などがあったが、そのうち現存するのは浮彫高山彦九郎・小栗忠順像のみである。昭和三年以来、池袋に住居と工房を構えており、井上はそこを訪ねて依頼したのであろう。当時井上工業の社員であった田中角栄が、完成した原型を工房で受け取り、原型を入れた蜜柑箱を自転車の荷台に載せて運んだという［熊倉　二〇一一］。いずれにせよ、郷土出身の芸術家に白衣大観音の原型制作を依頼したことは、井上が、白衣大観音に郷土の記念物としての性格を付与しようとした可能性を示唆するものといわねばなるまい。

建設予定地は、地権者と交渉して井上が買い上げたが、白衣大観音が建設されることが知れわたると、一気に地価が上昇したという。それにもかかわらず、井上は土地を購入し、白衣大観音が建つ公園の建設に邁進した。しかし、山頂部分の地主は、売却を渋り、なかなか手放さなかったという。井上は、根気よく交渉を続け、やっとのことで売却の許可に漕ぎ着けた。ところが、現金ではなく、高崎板紙株式会社の株との交換という条件を提示され、井上は持ち株を譲与して問題を切り抜けたという［熊倉　二〇一一］。

こうした困難な問題を解決し、昭和一〇年夏には白衣大観音の建設工事が始まったが、その工法はさまざまな工夫を凝らしたものであった［高階　二〇〇四］。黒川明玉ら技術陣は、実験を繰り返しながら、目的に適した工法を決定した。なかでも特徴的な工法が竹籠工法で、農家で使用する背負い籠を伏せた状態を観察したことでヒントを得たところから名づけられたというが、その工法によって外形の微妙な線をコンクリートで表現することに成功した。要は、竹籠のように鉄筋を張り巡らせ、コンクリートでも造形できるように工夫したのである。

白衣大観音の心には柱と梁で構造物を造り、壁は変形大型ブロックを積み上げ、さらに外側は鉄筋を上手に組み合わせて、そこにコンクリートを絡ませる工夫がなされた。本体は九階建てで、外部は白セメントで上塗りをし、内部はモルタルで仕上げた。総工費は一六万円であった。白衣大観音の建設には、当時まだ始まったばかりであった高層建築の技術が総動員されたが、井上の先取性を物語るものといえよう。井上は、自らの技術力で制作し、費用も自腹で対応したのである。白衣大観音は、郷土の実業家によって建設されたモニュメントであり、慰霊施設であった。

その具体的な施設と建設費を、昭和一五年三月三一日の「寄附申込書」によってみると、白衣大観音一軀（一四万円）・胎内仏像二〇軀（四〇〇〇円）・鰐口三口（二〇〇円）・香炉一個（四五〇円）・水屋一棟（一〇〇〇円）・手水鉢一基（四〇〇円）・鉄筋コンクリート製玉垣三五間（四〇〇〇円）・鉄筋コンクリート製太鼓橋一基（二〇〇〇円）・木造便所一棟（一五〇円）・コンクリート製階段二箇所（二四〇〇円）・事務所一棟（一五〇円）・物置一棟（一四〇円）・昇降口一箇所（八七〇円）・札売場一箇所（一〇〇円）というものであった［高崎市　一九九八］。観光施設とみることもできるが、鰐口・香炉・水屋・手水鉢など宗教的な目的の施設もみられ、白衣大観音に付随する施設群と理解したほうがよさそうである。

こうして像高四一・八ｍの巨大な白衣大観音が完成し、昭和一一年一〇月二〇日に開眼式が執行されたが、その模様は『高崎商工会議所月報』第八九号（昭和一一年一一月発行）によって知ることができる［高崎市　一九九八］。

当所前会頭、現顧問たる井上保三郎氏の発願になる、本市西郊観音山頂に建立の白衣大観世音像は愈々竣功、

十月二十日盛大なる開眼式は執行された

秋雨煙るこの日、朝来煙火轟いて丘に谺し、沿道はアーチ、装飾塔、幔幕で美くしく装飾され、参列者、参詣の善男善女観音山頂さして続々と集ひ、来賓名士数百名並に獅子舞を先頭に繰り込んだ金剛講員、遍照講員でさしもの大天幕張り式場も処狭いまでに参列した、かくて定刻午前十時、高野山管長大僧正高岡隆心猊下御親修を以て法会は始められ、僧侶百余名の読経も厳かに諸事進められ、大阿闍梨開眼作法、理趣経、開眼の文、続いて建立者井上保三郎氏の発願の辞、次いで君島知事、斎藤旅団長、久保田市長、山田会頭等の祝辞があつて式を閉ぢた

白衣大観音の開眼式は、昭和一一年一〇月二〇日におこなわれたが、あいにくの雨にもかかわらず、朝から花火が打ち上げられ、沿道にはアーチ・装飾塔・幔幕が飾られ、祝祭の時空が演出された。多くの参詣者が観音山に集まり、来賓の名士は数百名に達し、金剛講・遍照講の講員は、獅子舞を先頭に乗り込んだという。開眼式の参列者だけでなく、見物に訪れた参詣者が大勢いたようで、会場は活気に溢れていた。式場は、大天幕が張られていたというから、会場のかなりの面積を占めていたようである。

開眼式は午前一〇時に始まったが、その頃から雨が小振りになり、開眼式を終える頃にはすっかり晴れ、井上が観音様のご利益だといったと伝えられている［熊倉　二〇一一］。高野山金剛峯寺の管長で大僧正である高岡隆心を導師とする法会は、一〇〇名余りの僧侶が一斉に読経し、荘厳極まるものであった。ついで、大阿闍梨による開眼作法が執りおこなわれ、大勢の僧侶が理趣経を唱えたのち、導師か大阿闍梨が開眼文を読み上げた。それに続いて、井上保三郎が白衣大観音台座に刻まれた「発願の辞」、すなわち「白衣大観世音建立之趣旨」を述べた後、君島清吉群馬県知事・斎藤旅団長・久保田宗太郎高崎市長・山田昌吉高崎商工会議所会頭ら、来賓の祝辞が披露された。祝辞は、行

政の長だけでなく、軍人も読み上げており、戦没者の慰霊・顕彰が意識された人選であったとみられる。

祝辞のうち、山田会頭のものが、『高崎商工会議所月報』に掲載されていて、内容を知ることができる。白衣大観音創建の意義を、井上以外の人物がどうみていたかがわかるので、内容を検討しておこう。

祝　辞

本日茲ニ先輩井上保三郎翁発願建立ノ白衣大観世音像竣功ヲ告ゲ、高野山高岡管長猊下ノ御親修ノ下ニ盛大ナル開眼式ヲ執行セラル、ニ方リ、不肖之ヲ多年本市商工会議所ノ代表ニ享クルノ故ヲ以テ、此ノ席末ニ列スルヲ得タルハ衷心光栄且ツ欣幸トスル所ナリ

願フニ、井上翁ハ夙ニ地方産業ノ開発指導ニ努力セラレ、幾多顕著ナル治績ヲ挙ゲラル、其ノ功労ニ対シ不肖常ニ敬虔思慕ノ念ニ堪ヘザルナリ、而シテ近時世道人心ノ帰趨ニ深ク鑑ミル所アリテ観音信仰ヲ高唱セラレ、独力巨資ヲ投ジテ、古来由緒アル本市清水観音山ノ勝地ヲトシ白衣観音ノ立像ヲ建立セラレ、一面観音山ヲ開拓シテ本市東西ノ公園トナシ、適当ナル施設ヲ加ヘ市民ノ行楽ニ供シ、名勝地トシテ遠来ノ観光者ヲ誘導シ本市向上発展ニ寄与セントス、其ノ経図タル真ニ偉大ナリト謂フベシ

今ヤ将ニ其ノ霊光ニ接シ吾人倶ニ其ノ功徳ニ浴センコトヲ庶幾フ

謹ミテ祝辞トス

昭和十一年十月二十日

高崎商工会議所会頭　山田昌吉

そこでは、次のようなことが、丁重に述べられている。高崎商工会議所の先輩である井上建立の白衣大観音像が完成し、盛大な開眼式を挙行するにあたって、高崎商工会議所の代表として参加できることを光栄とする。井上は、地

方の産業振興に努力され、大きな成果を挙げてきたが、その功労に対して深く敬服するものである。そして、近年の人々の動静に考えるところがあって観音信仰を唱え、自費を投じて由緒ある観音山にすぐれた場所を占って白衣大観音像を建設された。観音山を開発して公園とし、施設を建設して市民の行楽に供し、名勝として観光客を誘導して高崎市の発展に寄与しようとしたことは、ほんとうに偉大なことである。白衣大観音の霊験にあずかり、自分も一緒に功徳にあやかろうと願っている。

ここでは、井上が企図する観光地としての観音山の開発が讃えられており、思想善導や慰霊・顕彰には触れられていないことが注目される。少なくとも、山田にとって、白衣大観音は観光施設であり、名勝である観音山を行楽地として開発するためのものであった。

昭和一二年二月一〇日付けの東京朝日新聞には、ベルギー赤十字社事務総長ドロンサールから高崎市あてに、白衣大観音についての問い合わせがあったことを報道した、「慈悲の女神　高崎の大観音像に　ベルギーから快報」という記事が掲載された［高崎市　一九九八］。その末尾に、「去る八日は、外人観光客案内の中島喜美治氏等の一行が視察をしたが、オリムピックには観光客がうんと押し寄せるであらうと、色々の施設を急ぐ事にした」とあり、白衣大観音が幻の東京オリンピックを想定しているかのような印象を与えるが、あるいはそのような希望があったかもしれない。観光客を集めて、外貨を稼ごうという企画は、国立公園が目指した方向でもあった。

五　白衣大観音の管理

実際、白衣大観音は、高崎市に維持・管理が一任され、拝観料を徴収する施設として、一般市民に開放された。拝観料は、白衣大観音を管理・運営するための資金源であったが、その管理は市役所がおこなった。ここでは、昭和一三年四月一一日に高崎市長の久保田宗太郎名で出された「白衣大観音像維持及管理規程施行細則」〔高崎市　一九九八〕によって、昭和戦前期の白衣大観音の管理実態をみておこう。

第二条は、「観音山事務所ニ左ノ帳簿ヲ備ヘ置クヘシ」として、「一、予算執行簿」「二、拝観料其他収入金明細簿（第三号様式）」「三、拝観券受払簿」「四、消耗品受払簿」「五、出勤簿」を挙げ、「二」以外は「其ノ様式ハ本市処務規程ノ例ニ依ル」とする。管理施設として観音山事務所を設置し、事務員を配置して、拝観料を徴収して拝観券を発行していたことが知られる。しかも、その管理方法は、市役所の庶務に準じるものであった。

第三条は、「白衣大観音像胎内拝観時間ハ左ノ通トス」として、「自四月一日　至十月三十一日　午前八時ヨリ午後五時迄」、「自十一月一日　至三月三十一日　午前九時ヨリ午後四時迄」と定める。拝観時間は、夏季は長く、冬季は短かった。もっとも、「但シ特別ノ事情アル者ニ対シテハ、時間外ト雖モ拝観セシムルコトヲ得」という例外規定をもつものであった。この条文で判明するのは、有料の拝観が胎内を見学するもので、外観を見るだけならば無料であったことである。白衣大観音像の胎内には、複数の仏像が祀られており、それらを巡拝することができる。実は、白衣大観音像自体が小さな博物館であり、仏像の巡拝のほか、建設の経緯などを示した展示がおこなわれている。拝観料は、それらを見たり、拝んだりするためのものであった。

第四条から第一一条までは、拝観料をめぐる規程で、観音山事務所の仕事が拝観料の徴収に特化していることを知ることができる。

第四条は、「事務員ハ、拝観請求者ヨリ拝観料ヲ徴収シタルトキハ、第四号様式ノ拝観券ヲ交付スヘシ」とし、拝観料と拝観券が交換されることを記す。第五条は、「拝観券ハ、主務課長ニ於テ之ヲ保管シ、市役所印押捺ノ上、毎月予メ処用数ヲ事務員ニ交付スヘシ」というもので、拝観券の保管者、主務課長から事務員への交付方法を定める。第六条は、「事務員ハ、交付ヲ受ケタル拝観券ノ使用数及残数ヲ毎日拝観券受払簿ニ記帳シ、其ノ関係ヲ明ニスヘシ」というもので、事務員の拝観券の取り扱い方法が記される。第七条は、「事務員ハ、徴収セル拝観料ヲ、其ノ翌日第一号様式ノ納付書ニ現金ヲ添ヘ、金庫ニ払込ムヘシ、同時ニ第二号様式ノ拝観料日計伝票ニ記入ノ上、使用済拝観券ヲ添ヘ、主務課長ヲ経テ市長ニ提出スヘシ、但シ納入期日休日ニ当ル場合ハ其ノ翌日納入スルモノトス」というもので、事務員の拝観料の取り扱いに関する規程である。第八条は、「主務課長ニ於テ、前条ノ日計伝票ノ送付ヲ受ケタルトキハ、総務課長ニ廻付シ、総務課長ハ直ニ収入命令ノ手続ヲ為スヘシ」というもので、日計伝票の取り扱いを定めている。

第九条は、「事務員ハ、改札係ヲシテ拝観者入場ノ際拝観券ヲ受取リ、所定ノ消印ヲナシ、締切後之ヲ提出セシムヘシ」とし、拝観券の回収方法について記す。この条文から、事務員とは別に、改札員がいたことが判明する。第一〇条は、「主務課長ハ、浄財函ノ鎖鑰ヲ保管シ、毎月十日目毎ニ事務員立会ノ上之ヲ開函シ、現金ハ事務員ニ於テ第七条ノ例ニ準シ金庫ニ払込ムヘシ、日計伝票ノ処理亦之ニ同シ」というもので、賽銭箱に投げ入れられた賽銭の取り扱いを定める。当時は、賽銭箱を市役所が管理し、賽銭が公庫に収められたことを知ることができる。第一一条は、「主務課長ハ、毎月三回以上事務所ニ就キ左記事項ヲ検査シ、其結果ヲ市長ニ報告スヘシ」として、「拝観券受払簿ト拝観券現在高トノ状況」「消耗品受払簿ト現在高トノ状況」「拝観料其他収入金明細簿ノ処理状況」「勤務及出勤簿ノ処理状況」「其他業務上ニ於ケル一般状況」を挙げる。文書類の取り扱いに関するものとみてよかろう。

第一三条は、市長が「特別ノ事情アリト認ムルトキハ」無料拝観券を発行できるというもので、付則のような規程である。

このように、白衣大観音の管理は市役所に任され、観光施設として扱われた。井上は、昭和一三年に白衣大観音を高崎市に寄付したが、市会の承認を得ることができないまま時間だけが経過していった。井上は、白衣大観音を祀る寺院の創建を願っていたが、なかなか実現できずにいた。そのようななか、白衣大観音の建立から二年たった昭和一三年一一月一七日、井上は、別荘である観水荘で没した。その後、井上の意志を享けて、長男の房一郎が、白衣大観音を宗教施設とするべく、管理する寺院の創建に尽力することになる。

六　慈眼院の移転と白衣大観音

慈眼院は、昭和一六年三月一日の「寺院移転済届」〔高崎市　一九九八〕によれば、和歌山県高野町大字高野山字小田原谷五九七にあった古義真言宗の準別格本山の寺院であったが、昭和一五年三月三〇日に和歌山県と群馬県の許可を得て、昭和一六年三月二一日に高崎市大字石原字金沢山二七一〇ノ一の観音山に移転した。本尊は聖観音菩薩で、「寛治年間陸奥守入道平重時創立、後宝治八卯年・万延元申年両度ノ火災ニ記録焼滅ス」という由緒をもち、寛治年間（一〇八七〜一〇九四）創建を伝える古寺であるという。また、『上野国寺院明細帳』にも、「寛治年間陸奥守入道平重時創立、後宝治八卯年・萬《（ママ）》延元申年両度ノ火災ニ記録焼滅ス」と、「寺院移転済届」と同文の由緒を採録している。

ところが、昭和一六年三月二八日の「別格本山ニ昇格ノ件具状」〔高崎市　一九九八〕には、慈眼院は「元高野山ニ在リ、寛喜年間、相州鎌倉極楽寺入道平重時ノ創立セル古刹ナルガ、昭和十五年許可ヲ得テ、今ノ所ニ移転セシモノナリ」とあり、寛喜年間（一二二九〜一二三二）の創建とする。寛治か寛喜かは、平重時が北条重時（一一九八〜一二六一）であることが知られるので、寛喜が正しいことはあきらかである。つまり、慈眼院は、寛喜年間に、北条重時を檀越として創建された寺院とみてよい。なお、「別格本山ニ昇格ノ件具状」によれば、江戸時代には「寺格上通リ院領三十五石末寺九ケ寺孫末八ケ寺」を有したといい、本尊は「相州鎌倉郡阪ノ下村安左衛門ト云ヘル人、由井ケ浜ニテ漁セシトキ、網ニカ、リテ上リタル希有ノ霊像」であると伝えられていた。

慈眼院の観音山への移転は、白衣大観音を管理する施設として寺院が必要であるとの井上の希望によるが、それが実現した背景には、白衣大観音開眼会の導師を務めた高野山金剛峯寺管長高岡隆心らの協力があったはずである。「別格本山ニ昇格ノ件具状」によれば、「初メ大観音像竣成スルヤ、前管長高岡大僧正ヲ迎ヘテ開眼供養ヲ営ミシガ機縁トナリ、慈眼院ヲ移転スルニ及ンテ完全ニ本宗ニ所属スルコト、ナレリ、近ク移転完了入仏法要ニモ本職ヲ特請シ、尚兼務住職タランコトヲ懇望シ居レリ」といい、高野山側からの働きかけもあったようである。結局、初代の住職には、高野山高室院住職の斎藤興隆が兼務で就任し、高室院とやはり高野山の発光院が法類として支援する体制が整えられた。

境内地は八〇〇坪で、白衣大観音に隣接し、観音山の山頂平坦面を占めた。ただ、「寺院移転済届」によれば、「本願移転敷地ハ僅カニ八百坪ニシテ、将来同院施設ニハ狭隘ナルヲ以テ、適当ナル時期ニ隣接地高崎市所有地五百七十坪ヲモ寄附編入ヲ受ケ、尚不足部接続地国有林ノ借地若クハ払下ヲ得ントス、大観音敷地ハ、高崎市国有林ノ一部借地セルモノナレトモ、慈眼院移転許可ノ上ハ、直チニ同院ニ借地名義ヲ変更シ、同院ノ飛地境内トナシ、将来払下ケ寺有タラシメントス」というように、白衣大観音との一体化によって初めて寺観を保つことができる状態であった。

建物としては、本堂と庫裏を兼ねた瓦葺の仏堂が用意され、寺院としての活動の拠点となった。ただ、これも「寺院移転済届」によれば、「本願建造物ハ、臨時的ノモノニシテ、事変終了後適当ナル時ニ、積立金及関係一般信徒ノ醵金ヲ得、寺格及風致区ニ相応セル本建築ヲナシ、本堂、庫裏其他附属建造物ノ完備ヲ計リ、以テ北関東ニ於ケル高野山トシテ唯一ノ信仰道場タラシメントス」という計画があり、寄付金によって寺格と風致にふさわしい本堂・庫裏を建設し、果ては北関東の高野山として整備しようという野心があったことが知られる。

「別格本山ニ昇格ノ件具状」によれば、「昭和十一年故井上保三郎氏此ノ勝地ヲトシ、巨万ノ資ヲ投シテ高サ百三十尺ト云フ、世ニモ稀ナル白衣大観音像ヲ建設シテヨリ、其名遠近ニ著シク参拝者群集スルニ至レリ、其附近ニ護国神社及乃木将軍ノ銅像アリテ、高崎市民ノ崇敬慰安ノ中心ト為リシノミナラズ、関東随一ノ名勝トシテ、内外ノ観光客ヲ吸集シ為メニ、高崎市ハ頓ニ発展ニ向ヒタレハ、市当局ニ於テモ、市ノ繁栄策ハ白衣観音ヲ管理スル慈眼院ヲ大ニ興隆シ、関東ノ高野山トシテ観光客ヲ誘致スルニ如カストノ方針ヲ立テ、全市民白熱的ニ仰望シツ、アリ」という。白衣大観音の創建を契機に、参詣者が増加し、付近に護国神社や乃木将軍銅像などが建設され、市民の「崇敬慰安」の場となったのみでなく、名勝として観光客の誘致に一役買ったというのである。そこで、行政としても、白衣大観音を管理する慈眼院を振興し、関東の高野山として観光客を集めようと企画したというのである。

白衣大観音は、昭和一五年三月二九日に市会の決議によって、慈眼院への寄附が決定され、翌日「寄附申込書」が高崎市長から慈眼院住職にあてて出された［高崎市　一九九八］。慈眼院の「移転後ハ直チニ慈眼院ニテ管理ヲナシ飛地境内ノ仏像トス、胎内諸施設ハ順次完成シ、以テ一般信徒ヲシテ体内ニ入ラシメ、併セテ白衣観世音ニ結縁セシメ、信仰ノ対象タラシメントス、尚仏像及寺院ノ維持経営其他観音山美化施設ノ為メ、同院ヨリ従来ノ入場料ニ代ルヘキ内拝料徴収ノ認可出願ヲナス」とされ、慈眼院が市に代わって従来通り維持・管理するものとされた。もっとも、それまで市がおこなってきた白衣大観音の拝観は基本的に宗教色を伴わないものであったのに対して、慈眼院によるそれは宗教活動の一環として位置づけられる点、大きな変化であったといえよう。

ところで、市会では、「附帯決議」として、「古義真言宗準別格本山慈眼院ヲ高崎市ヘ勧請完了ノ上ハ、左記ニ依リ、大観音像其他附属物ヲ同院ニ寄附スルモノトス」とし、第一に「毎年拝観料総額ノ一割ハ、大観音像修繕費トシテ別途積立ヲナシ、市長及慈眼院住職之ヲ保管スルモノトス、右残額ノ半額ハ慈眼院ノ維持費ニ充当シ、他ノ半額ハ之ヲ観音山開発費トシテ高崎市ニ寄附スルモノトス」、第二に「拝観料収支ニ関シテハ、市長ニ於テ関係書類其他現場ニ就キ、何時ニテモ実地検閲スルコトヲ得ルモノトス」という条件を付した［高崎市　一九九八］。

第一に、拝観料の一割を修繕費として積立、残り九割の半額を慈眼院の維持費、残りの半額を観音山開発費として高崎市に寄附するというのである。この観音山開発費は、具体的な使途は明確でないが、観光開発のための資金とみてよかろう。第二に、拝観料に関しては、市長が必要に応じて監査できるとする。市が、拝観料を重視していたことが知られ、観音山開発費の捻出に腐心していたことがうかがえる。

信徒は約五〇〇名で、久保田宗太郎や井上房一郎ら九名は信徒代表となったが、信徒であって檀家ではなかった。慈眼院は、いわゆる祈禱寺で、菩提寺ではなかったのである。そのため、当初は葬式をおこなわない寺院であったとみられ、その分観光などによる振興が必要であった。

そのためか、慈眼院は、権威づけに熱心に取り組み、昭和一六年三月二八日には、金剛峯寺座主から古義真言宗管長へ「別格本山ニ昇格ノ件具状」を提出してもらい、準別格本山から別格本山への昇格を懇願している。そのなかで、金剛峯寺座主は、「移転匆々設備未タ完カラス、別格本山トシテハ其資格乏シキ現状ナルモ、昇格ヲ許サル、ナラバ今将ニ建築セントスル本堂其他ノ規模ヲ別格本山ニ相応シク設計ヲ変更シ、境域ヲ拡張シテ、内容外観共ニ充実ヲ図ラントス、順逆転倒スル感アルモ、大ナル目標ヲ定メテ、一層市民ヲ激励セバ事業ハ易々トシテ進捗スヘク、其実行性ニ至テハ、市会ノ決議ト責任ヲ以テ誓約スヘケレハ、内規又ハ慣例等ヲ超越シテ、速ニ昇格セラレタシトノコトナリ」と訴えている。本山としても、慈眼院を別格本山に昇格させることが有効であると考えており、市役所などの行動力に期待していたことが知られる。

また、「別格本山ニ昇格ノ件具状」には、「実収入ニ至テハ、高崎市ノ証明スル通リ年収弐万円ヲ下ラヌ見込アリ、以テ別格本山ノ体面ヲ保ツニ充分ナリト信ス、殊ニ帝都ニ近ク関東高野山ノ名ニ称ヘル大伽藍ヲ現出スルトセハ、宗勢進展上好マシキコトナレハ、書類不備ノ点アルモ、此ノ熱誠ナル希望ヲ容レ、直ニ昇格許可相成候様、宗派合同ニ先ダチ特ニ臨時宗会ニ提案相成度」という主張がみられる。ここで注目されるのは、帝都に近い高崎に関東高野山が樹立できるとすれば、「宗勢進展上好マシキコト」であるという点である。ここに、行政の思惑と宗派の利害が一致したわけで、観音山観光開発が古義真言宗の拠点形成ともなったことを知ることができる。

結局、慈眼院は、別格本山となり、昭和一六年四月一三日に入仏式がおこなわれた。その状況を、「花の雨、散華を浴びて慈眼院の入仏式　観音山　厳かに英霊追悼法要」と題する『上毛新聞』昭和一六年四月一五日の記事〔高崎市　一九九八〕によって、具体的にみておこう。

白衣観音に勧請の高野山別格本山慈眼院の入仏式をかねた戦没英霊追悼法要は、高崎市、同観光協会、慈眼院共同主催で十三日午後二時半から、白衣観音前で折柄の春雨に濡れて藤村高野山管長厳修のもとに盛大に挙行、参列者約二千名、高崎各宗協会衆僧の読経、藤村管長の弔文、久保田祭主の弔辞、来賓として薄田知事（代理）、遠藤部隊長、須藤市会議長の慰霊の辞があり、遺族を代表して高崎市収入役小林竹次郎氏、来賓総代として白衣観音建立者故井上保三郎翁嗣子井上房一郎氏等の焼香があり、久保田祭主の挨拶を以て同三時半閉式した。尚ほ井上翁と縁故の芥川辰次郎翁は、当日の来会者に井上翁菩提の福銭を記念に贈呈した。

慈眼院の入仏式は、「入仏式をかねた戦没英霊追悼法要」としておこなわれたが、高崎市・高崎市観光協会・慈眼院が共同主催者として執行したものであった。なぜ、戦没英霊追悼法要であったかは、法要が白衣大観音の前でおこなわれていることで判断できる。要は、慈眼院が白衣大観音の供養者であることを示すため、白衣大観音の供養として入仏式を挙行したからである。式は、藤村密憧高野山管長を導師とし、約二〇〇〇名にも達する参列者が参加しておこなわれた。高崎市内の各宗の僧侶が読経したというから、式は宗派を越えておこなわれたことになり、一宗派の行事に留まらない公的な性格をもたせられた。管長の弔文、祭主久保田宗太郎高崎市長の弔辞、来賓薄田美朝群馬県知事代理・遠藤部隊長・須藤市会議長の「慰霊の辞」の後、遺族代表高崎市収入役小林竹次郎・来賓総代井上房一郎らの焼香があり、祭主の挨拶で閉式となった。正式な参会者には、井上保三郎の菩提を弔う「福銭」が配られたが、今日の長寿銭の原型であろうか。いずれにせよ、慈眼院の入仏式は、県・市・軍・民間人が参加した仏式の戦没者慰霊祭にほかならず、図らずも白衣大観音の本質を示す儀礼となった。

おわりに

以上、群馬県高崎市を代表するモニュメントである白衣大観音の創建の様相を、おもに同時代の史料によってみてきたが、その結果、白衣大観音の複合的な性格があきらかになった。

白衣大観音は、地元の名士である井上保三郎という個人によって造立されたもので、その動機も昭和九年一一月におこなわれた陸軍特別大演習に際しての井上の天皇への単独拝謁という個人的に記念すべき出来事にあった。しかし、井上は、白衣大観音の創建を発願するにあたり、理由の第一に単独拝謁の記念を掲げながらも、第二に思想善導、第三に郷土の戦没者の慰霊を掲げ、郷土社会のモニュメントとしての色彩を盛り込んだ。とりわけ、台座に戦没者の氏名を記したことによって、戦没者の慰霊施設としての性格を強めた。第二の発願理由である思想善導が具体的な施策がみえないのに対して、第三の発願理由である慰霊・顕彰は、後に管理のために移転された慈眼院の入仏式のあり方にまで大きな影響を及ぼしたことが確認され、井上の思惑を超越して社会に受容されることになった。しかも、仏式の戦没者慰霊であり、供養としての性格が色濃いものであった。慈眼院の入仏式は、仏式の戦没者慰霊祭以外の何物でもなく、社会的には白衣大観音はそのための施設と認識されていた可能性がある。

ただ、ここで指摘しておかねばならないのは、慰霊・顕彰の対象となった戦没者が、群馬県出身の戦没者と郷土部隊である歩兵第一五連隊の戦没者に限られた点である。その点、白衣大観音は、郷土を離れては存在し得ないものであったといえ、あくまでも郷土を表象するモニュメントであった。原型制作者が、郷土出身の芸術家である森村酉三であったことも、郷土という表象と深く関わっているとみてよい。

しかし、白衣大観音に期待されたことは、慰霊・顕彰施設である以上に、観光施設としての機能の発揮であった。発願者の井上保三郎は、「白衣大観世音建立之趣旨」では触れていないが、観音山の公園としての整備に熱心であったことを考えれば、観光施設としての性格を持たせることに反対であったとは思えない。高崎市は、観音山が、東京オリンピックをも考慮しながら、帝都近郊の観光地となることを期待していた。白衣大観音によって観音山が観光地となれば、経済的な収益の増加が期待され、結果として郷土が潤うことを企図したのである。実際、高崎市は、白衣大観音の胎内の見学に際して拝観料を徴収し、財政に繰り込んでいたのである。観光は、郷土活性化の手段であり、その具体策として白衣大観音を中心とする観音山の開発は高崎市にとって重要な位置を占めていた。

慰霊・顕彰と観光は、白衣大観音の性格を規定する重要な因子であるが、そのいずれかのみに限定できないところにモニュメントとしての白衣大観音の特質があるといってよい。慈眼院の入仏式が、実際には仏式の戦没者慰霊祭であったように、白衣大観音が戦没者の慰霊顕彰施設であったことは疑いない。にもかかわらず、観光施設としての側面を持ち、実際多くの観光客を引き寄せたのである。もっとも、いずれの側面においても、郷土が意識されていたことはすでに指摘したところである。郷土を象徴するモニュメントは、郷土の戦没者を追悼する施設としての側面と、郷土そのものを表象する側面を兼ね備えていたのである。時代性ということでいえば、白衣大観音に慰霊・顕彰の性格を付与せざるを得なかったところに、昭和戦前期の特質があるといえよう。

本稿は、白衣大観音についての基礎的な考察に終始し、モニュメント論として充分な深まりに達することができなかった。その点、散漫な事実関係の提示に留まり、理論化の段階まで進めなかったといわざるを得ない。論じ残したことも多いが、今後の研究のための、素材提供として受け止めていただけたら幸いである。

引用・参考文献

熊倉浩靖　二〇一一　『井上房一郎・人と功績』みやま文庫

清水吉二　二〇〇四　「十五連隊の高崎設置」『新編高崎市史』通史編四近代・現代　高崎市

高崎市　一九九五　『新編高崎市史』資料編九近代・現代Ⅰ　高崎市

高崎市　一九九八　『新編高崎市史』資料編一〇近代・現代Ⅱ　高崎市

高階勇輔　二〇〇四　「えびす講と観光振興」『新編高崎市史』通史編四近代・現代　高崎市

手島仁・西村幹夫　二〇〇三　「軍事都市高崎の陸軍墓地」『群馬県立歴史博物館紀要』第二四号　群馬県立歴史博物館

松本彰　二〇一二　『記念碑に刻まれたドイツ』東京大学出版会

森田秀策　一九九一　「陸軍特別大演習と天皇の行幸」『群馬県史』通史編七（近代現代一）　群馬県

若尾祐司・羽賀祥二　二〇〇五　『記録と記憶の比較文化史　史誌・記念碑・郷土』名古屋大学出版会

【編者紹介】

由谷 裕哉（よしたに ひろや）

昭和30年（1955） 金沢市生まれ
小松短期大学 教授
慶応義塾大学大学院社会学研究科博士課程単位修得 博士（社会学）
主要著作は、
『白山石動修験の宗教民俗学的研究』（岩田書院、1994年）
『白山立山の宗教文化』（岩田書院、2008年）
『郷土史と近代日本』（共編、角川学芸出版、2010年）
『郷土再考』（編、角川学芸出版、2012年）
『サブカルチャー聖地巡礼』（共著、岩田書院、2014年） ほか

【執筆者紹介】掲載順
佐藤 喜久一郎（さとう きくいちろう） 1974年生
育英短期大学 専任講師
『近世上野神話の世界―在地縁起と伝承者―』（岩田書院、2007年）
「多胡碑と渡来人のフェイクロア―郷土史をめぐる文化政治学―」
（『郷土再考』角川学芸出版、2012年）
「フォークロリズムの現場から―「上州の語り物」の再話と児童文学化の試み―」
（『世間話研究』25、2017年）

石本 敏也（いしもと としや） 1975年生
聖徳大学文学部文学科 准教授
「百万遍行事の継承―三地区の合併―」（『郷土再考』角川学芸出版、2012年）
「棚田稲作の継承」（『日本民俗学』279、2014年）
「集落の再編―ショウキサマ祭祀の継承―」（『「講」研究の可能性』Ⅱ、慶友社、2014年）

及川 高（おいかわ たかし） 1981年生
沖縄国際大学総合文化学部社会文化学科 講師
『〈宗教〉と〈無宗教〉の近代南島史―近代・学知・民衆―』（森話社、2016年）
「民俗学における「死」の研究の思考法と課題
（『頸城野郷土資料室学術研究部 研究紀要』1-7、2016年）
「『東日本大震災に被災した無形民俗文化財調査』データベースの社会的意義」
（『沖縄国際大学総合学術研究紀要』19-1、2017年）

時枝 務（ときえだ つとむ） 1958年生
立正大学文学部 教授
『修験道の考古学的研究』（雄山閣、2005年）
『霊場の考古学』（高志書院、2014年）
『山岳宗教遺跡の研究』（岩田書院、2016年）

郷土の記憶・モニュメント

岩田書院ブックレット
歴史考古学系H22

2017年（平成29年）9月　第1刷　600部発行

定価[本体1800円＋税]

編　者　由谷 裕哉

発行所　有限会社岩田書院　代表：岩田　博　http://www.iwata-shoin.co.jp
〒157-0062 東京都世田谷区南烏山4-25-6-103　電話03-3326-3757　FAX03-3326-6788
組版・印刷・製本：熊谷印刷

ISBN978-4-86602-004-4　C1321　¥1800E

岩田書院 刊行案内（25）

			本体価	刊行年月
971	橋本　　章	戦国武将英雄譚の誕生	2800	2016.07
972	高岡　　徹	戦国期越中の攻防＜中世史30＞	8000	2016.08
973	市村・ほか	中世港町論の射程＜港町の原像・下＞	5600	2016.08
974	小川　　雄	徳川権力と海上軍事＜戦国史15＞	8000	2016.09
975	福原・植木	山・鉾・屋台行事	3000	2016.09
976	小田　悦代	呪縛・護法・阿尾奢法＜宗教民俗９＞	6000	2016.10
977	清水　邦彦	中世曹洞宗における地蔵信仰の受容	7400	2016.10
978	飯澤　文夫	地方史文献年鑑2015＜郷土史総覧19＞	25800	2016.10
979	関口　功一	東国の古代地域史	6400	2016.10
980	柴　　裕之	織田氏一門＜国衆20＞	5000	2016.11
981	松崎　憲三	民俗信仰の位相	6200	2016.11
982	久下　正史	寺社縁起の形成と展開＜御影民俗22＞	8000	2016.12
983	佐藤　博信	中世東国の政治と経済＜中世東国論６＞	7400	2016.12
984	佐藤　博信	中世東国の社会と文化＜中世東国論７＞	7400	2016.12
985	大島　幸雄	平安後期散逸日記の研究＜古代史12＞	6800	2016.12
986	渡辺　尚志	藩地域の村社会と藩政＜松代藩５＞	8400	2017.11
987	小豆畑　毅	陸奥国の中世石川氏＜地域の中世18＞	3200	2017.02
988	高久　　舞	芸能伝承論	8000	2017.02
989	斉藤　　司	横浜吉田新田と吉田勘兵衛	3200	2017.02
990	吉岡　　孝	八王子千人同心における身分越境＜近世史45＞	7200	2017.03
991	鈴木　哲雄	社会科歴史教育論	8900	2017.04
992	丹治　健蔵	近世関東の水運と商品取引 続々	3000	2017.04
993	西海　賢二	旅する民間宗教者	2600	2017.04
994	同編集委員会	近代日本製鉄･電信の起源	7400	2017.04
995	川勝　守生	近世日本石灰史料研究10	7200	2017.05
996	那須　義定	中世の下野那須氏＜地域の中世19＞	3200	2017.05
997	織豊期研究会	織豊期研究の現在	6900	2017.05
000	史料研究会	日本史のまめまめしい知識２＜ぶい＆ぶい新書＞	1000	2017.05
998	千野原靖方	出典明記 中世房総史年表	5900	2017.05
999	植木・樋口	民俗文化の伝播と変容	14800	2017.06
000	小林　清治	戦国大名伊達氏の領国支配＜著作集１＞	8800	2017.06
001	河野　昭昌	南北朝期法隆寺雑記＜史料選書５＞	3200	2017.07
002	野本　寛一	民俗誌・海山の間＜著作集５＞	19800	2017.07
003	植松　明石	沖縄新城島民俗誌	6900	2017.07
004	田中　宣一	柳田国男・伝承の「発見」	2600	2017.09
005	横山　住雄	中世美濃遠山氏とその一族＜地域の中世20＞	2800	2017.09
006	中野　達哉	鎌倉寺社の近世	2800	2017.09
007	飯澤　文夫	地方史文献年鑑2016＜郷土史総覧19＞	25800	2017.09